Timeline of the Apostle Paul

BIBLE ATLAS

사도 바울의 생애

다바르

머 리 말

사울은 '다메섹' 도상에서 예수님을 만난 뒤, 그의 일생이 완전히 바뀌었습니다. 그는 평생 '유대교'를 위해 목숨 바쳐가며, 살것 같았지만, 예수님을 만난 이후에는 철저한 '예수의 증인'이 되었습니다.

그는 예수님을 만난 이후, 복음 사역을 위해, 안디옥교회에서 파송을 받은 뒤, 바나바와 함께 동역자가 되어 선교 여정을 떠난 이야기로 시작됩니다. 그토록 박해자로 살던 그가 한순간의 사건을 통해, 전도자로 평생을 헌신하다, 순교의 자리까지 간 내용들은 우리에게 잊혀지지 않는 초대교회 선교 역사로 기록되어 있습니다.

본 교재는 사도 바울이 어떻게! 예수님을 만났고 어떻게! 복음 사역자로 위대한 일생을 마무리 했는지를 공부하고 또한, 그의 행적을 통해 우리를 향하신 하나님의 뜻을 찾아가는것이, 본 성경공부 교재의 중요한 목적이기도 합니다.

본 교재는 사도 바울의 일생을 쉽게 공부할 수 있도록 직접 성경 지도와 도표를 제작하였으며, 교회 공동체 안에서도 유익한 교재가 될 수 있도록 기획한 뒤, 출판하게 되었습니다.

안식년을 맞이하여, 미국 캔자스에 머무는 동안, 교재를 집필할 수 있도록 기도와 후원을 아끼지 않고 사랑을 베풀어 준, '신생교회'의 성도들과 이 기쁨을 나누고 싶습니다.

2023. 11. 23. 캔자스에서 '추수감사절'을 보내며
신생교회 담임목사
최 성 우

차 례

지도로 따라가는 사도 바울의 일생

머리말

1

지도로 따라가는 사도 바울의 일생

● ‥▶ Ⅰ. 사울의 회심과 초기 활동
Ⅱ. 바울의 1차 선교 여정
Ⅲ. 바울의 2차 선교 여정
Ⅳ. 바울의 3차 선교 여정
Ⅴ. 사도 바울의 로마행

사울의 회심과 초기 활동

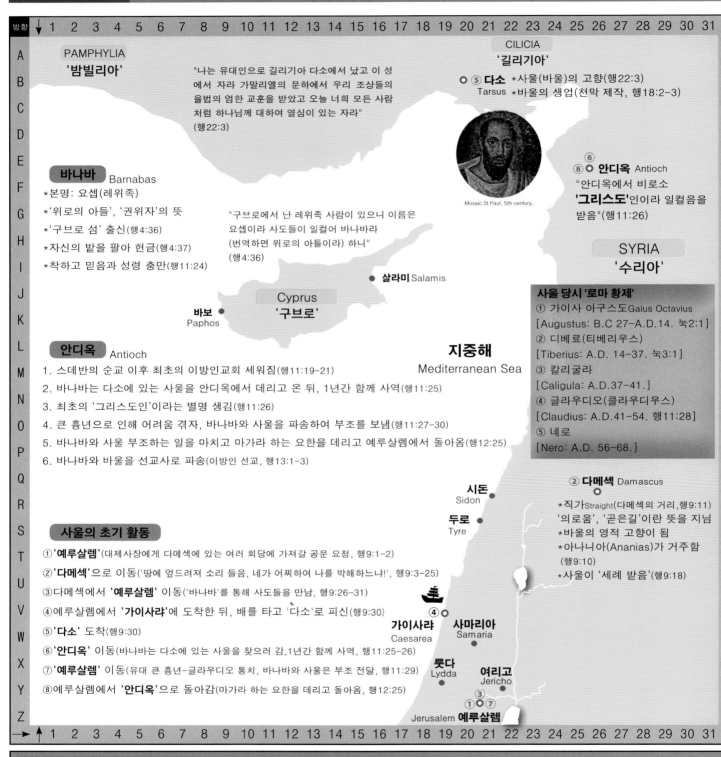

| 방향 | 1 | 2 | 3 | 4 | 5 | 6 | 7 | 8 | 9 | 10 | 11 | 12 | 13 | 14 | 15 | 16 | 17 | 18 | 19 | 20 | 21 | 22 | 23 | 24 | 25 | 26 | 27 | 28 | 29 | 30 | 31 |

PAMPHYLIA
'밤빌리아'

"나는 유대인으로 길리기아 다소에서 났고 이 성에서 자라 가말리엘의 문하에서 우리 조상들의 율법의 엄한 교훈을 받았고 오늘 너희 모든 사람처럼 하나님께 대하여 열심이 있는 자라" (행22:3)

CILICIA
'길리기아'

○ ⑤ 다소 *사울(바울)의 고향(행22:3)
Tarsus *바울의 생업(천막 제작, 행18:2-3)

Mosaic St Paul, 5th century.

⑧○ ⑥ 안디옥 Antioch
"안디옥에서 비로소 **'그리스도'**인이라 일컬음을 받음"(행11:26)

바나바 Barnabas
*본명: 요셉(레위족)
*'위로의 아들', '권위자'의 뜻
*'구브로 섬' 출신(행4:36)
*자신의 밭을 팔아 헌금(행4:37)
*착하고 믿음과 성령 충만(행11:24)

"구브로에서 난 레위족 사람이 있으니 이름은 요셉이라 사도들이 일컬어 바나바라 (번역하면 위로의 아들이라) 하니" (행4:36)

SYRIA
'수리아'

살라미 Salamis

Cyprus
'구브로'

바보 ● Paphos

지중해
Mediterranean Sea

사울 당시 '로마 황제'
① 가이사 아구스도Gaius Octavius [Augustus: B.C 27-A.D.14. 눅2:1]
② 디베료(티베리우스) [Tiberius: A.D. 14-37. 눅3:1]
③ 칼리굴라 [Caligula: A.D.37-41.]
④ 글라우디오(클라우디우스) [Claudius: A.D.41-54. 행11:28]
⑤ 네로 [Nero: A.D. 56-68.]

안디옥 Antioch
1. 스데반의 순교 이후 최초의 이방인교회 세워짐(행11:19-21)
2. 바나바는 다소에 있는 사울을 안디옥에서 데리고 온 뒤, 1년간 함께 사역(행11:25)
3. 최초의 '그리스도인'이라는 별명 생김(행11:26)
4. 큰 흉년으로 인해 어려움 겪자, 바나바와 사울을 파송하여 부조를 보냄(행11:27-30)
5. 바나바와 사울 부조하는 일을 마치고 마가라 하는 요한을 데리고 예루살렘에서 돌아옴(행12:25)
6. 바나바와 바울을 선교사로 파송(이방인 선교, 행13:1-3)

시돈 Sidon
두로 Tyre

② 다메섹 Damascus
*직가Straight(다메섹의 거리,행9:11) '의로움', '곧은길'이란 뜻을 지님
*바울의 영적 고향이 됨
*아나니아(Ananias)가 거주함 (행9:10)
*사울이 '세례 받음'(행9:18)

사울의 초기 활동
①'예루살렘'(대제사장에게 다메섹에 있는 여러 회당에 가져갈 공문 요청, 행9:1-2)
②'다메섹'으로 이동('땅에 엎드려져 소리 들음, 네가 어찌하여 나를 박해하느냐!', 행9:3-25)
③다메섹에서 '예루살렘' 이동('바나바'를 통해 사도들을 만남, 행9:26-31)
④예루살렘에서 '가이사랴'에 도착한 뒤, 배를 타고 '다소'로 피신(행9:30)
⑤'다소' 도착(행9:30)
⑥'안디옥' 이동(바나바는 다소에 있는 사울을 찾으러 감,1년간 함께 사역, 행11:25-26)
⑦'예루살렘' 이동(유대 큰 흉년-글라우디오 통치, 바나바와 사울은 부조 전달, 행11:29)
⑧예루살렘에서 '안디옥'으로 돌아감(마가라 하는 요한을 데리고 돌아옴, 행12:25)

④○ 가이사랴 Caesarea
사마리아 Samaria

룻다 Lydda
여리고 Jericho

③
①○⑦
Jerusalem **예루살렘**

| → | 1 | 2 | 3 | 4 | 5 | 6 | 7 | 8 | 9 | 10 | 11 | 12 | 13 | 14 | 15 | 16 | 17 | 18 | 19 | 20 | 21 | 22 | 23 | 24 | 25 | 26 | 27 | 28 | 29 | 30 | 31 |

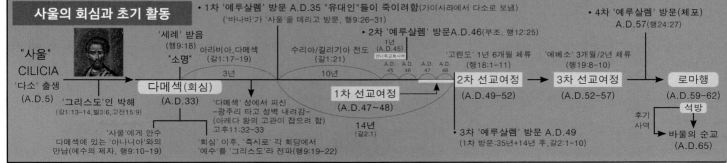

사울의 회심과 초기 활동

"사울" CILICIA
'다소' 출생 (A.D.5)

• 1차 '예루살렘' 방문 A.D.35 "유대인"들이 죽이려함(가이사랴에서 다소로 보냄) ('바나바'가 '사울'을 데리고 방문, 행9:26-31)

• 4차 '예루살렘' 방문(체포) A.D.57(행24:27)

'세례' 받음 (행9:18)
아라비아,다메섹
'소명' (갈1:17-19)
3년

• 2차 '예루살렘' 방문A.D.46(부조, 행12:25)

수리아/길리기아 전도 (A.D.45) (갈1:21)
안디옥교회사역 A.D. A.D. A.D. A.D. 45 46 47 48

'고린도' 1년 6개월 체류 (행18:1-11)
'에베소' 3개월/2년 체류 (행19:8-10)

'그리스도'인 박해 (갈1:13-14,빌3:6,고전15:9)

다메섹(회심) (A.D.33)

10년

'다메섹' 성에서 피신 -광주리 타고 성벽 내려감- (아레다 왕의 고관이 잡으려 함) 고후11:32-33

1차 선교여정 (A.D.47~48)

14년 (갈2:1)

2차 선교여정 (A.D.49-52) → 3차 선교여정 (A.D.52-57) → 로마행 (A.D.59-62)

석방
후기 사역
→ 바울의 순교 (A.D.65)

'사울'에게 안수 다메섹에 있는 '아나니아'와의 만남(예수의 제자, 행9:10-19)

'회심' 이후, '즉시로' 각 회당에서 '예수'를 '그리스도'라 전파(행9:19-22)

• 3차 '예루살렘' 방문 A.D.49 (1차 방문:35년+14년 후, 갈2:1-10)

PAUL'S CONVERSION AND EARLY MINISTRY

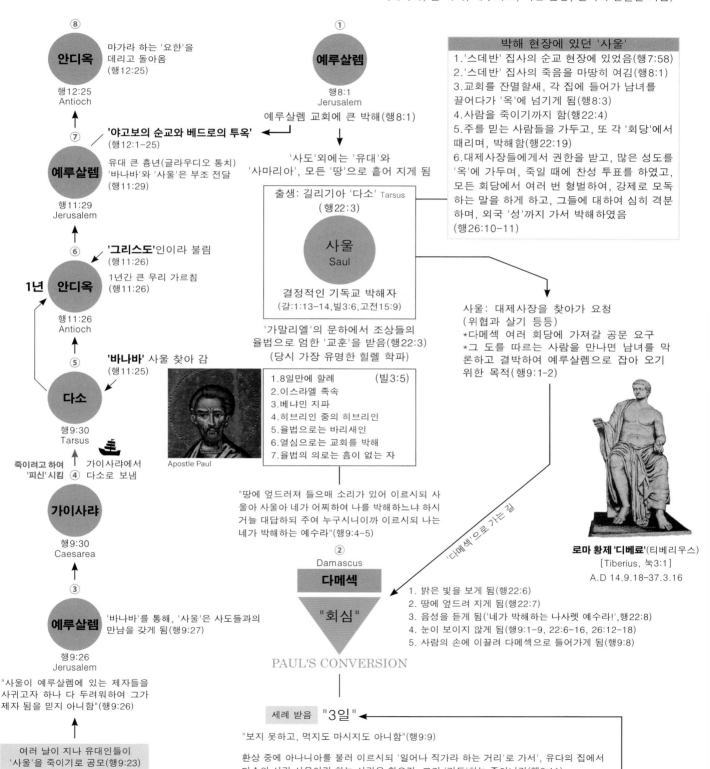

사울의 회심과 초기 활동 행9:1-31, 11:19-30, 12:1-25
(A.D.33)

•바울에 관한 묘사
외경 '바울과 데크라의 행적' The Acts of Paul and Thecla
(대머리, 흰 다리, 매부리코, 작은 신장, 천사의 얼굴을 가짐)

⑧ **안디옥** 마가라 하는 '요한'을 데리고 돌아옴(행12:25)
행12:25 Antioch

⑦ **예루살렘** 유대 큰 흉년(글라우디오 통치) '바나바'와 '사울'은 부조 전달(행11:29)
행11:29 Jerusalem
'야고보의 순교와 베드로의 투옥'(행12:1-25)

⑥ 1년 **안디옥** '그리스도'인이라 불림(행11:26) / 1년간 큰 무리 가르침(행11:26)
행11:26 Antioch

⑤ **다소** '바나바' 사울 찾아 감(행11:25)
행9:30 Tarsus
죽이려고 하여 '피신'시킴 ④ 가이사랴에서 다소로 보냄

가이사랴 행9:30 Caesarea ③

예루살렘 '바나바'를 통해, '사울'은 사도들과의 만남을 갖게 됨(행9:27)
행9:26 Jerusalem
"사울이 예루살렘에 있는 제자들을 사귀고자 하나 다 두려워하여 그가 제자 됨을 믿지 아니함"(행9:26)

여러 날이 지나 유대인들이 '사울'을 죽이기로 공모(행9:23)

사울이 다메섹에 있는 제자들과 함께 며칠 있을새, 즉시로 각 회당에서 '예수가 하나님의 아들'이심을 전파(행9:20)

① **예루살렘** 행8:1 Jerusalem / 예루살렘 교회에 큰 박해(행8:1)
'사도'외에는 '유대'와 '사마리아', 모든 '땅'으로 흩어 지게 됨

출생: 길리기아 '다소' Tarsus (행22:3)
사울 Saul 결정적인 기독교 박해자(갈1:13-14,빌3:6,고전15:9)

'가말리엘'의 문하에서 조상들의 율법으로 엄한 '교훈'을 받음(행22:3)(당시 가장 유명한 힐렐 학파)

Apostle Paul

1.8일만에 할례 (빌3:5)
2.이스라엘 족속
3.베냐민 지파
4.히브리인 중의 히브리인
5.율법으로는 바리새인
6.열심으로는 교회를 박해
7.율법의 의로는 흠이 없는 자

"땅에 엎드러져 들으매 소리가 있어 이르시되 사울아 사울아 네가 어찌하여 나를 박해하느냐 하시거늘 대답하되 주여 누구시니이까 이르시되 나는 네가 박해하는 예수라"(행9:4-5)

② Damascus **다메섹** "회심"
PAUL'S CONVERSION

1. 밝은 빛을 보게 됨(행22:6)
2. 땅에 엎드려 지게 됨(행22:7)
3. 음성을 듣게 됨('네가 박해하는 나사렛 예수라!',행22:8)
4. 눈이 보이지 않게 됨(행9:1-9, 22:6-16, 26:12-18)
5. 사람의 손에 이끌려 다메섹으로 들어가게 됨(행9:8)

박해 현장에 있던 '사울'
1.'스데반' 집사의 순교 현장에 있었음(행7:58)
2.'스데반' 집사의 죽음을 마땅히 여김(행8:1)
3.교회를 잔멸할새, 각 집에 들어가 남녀를 끌어다가 '옥'에 넘기게 됨(행8:3)
4.사람을 죽이기까지 함(행22:4)
5.주를 믿는 사람들을 가두고, 또 각 '회당'에서 때리며, 박해함(행22:19)
6.대제사장들에게서 권한을 받고, 많은 성도를 '옥'에 가두며, 죽일 때에 찬성 투표를 하였고, 모든 회당에서 여러 번 형벌하여, 강제로 모독하는 말을 하게 하고, 그들에 대하여 심히 격분하며, 외국 '성'까지 가서 박해하였음(행26:10-11)

사울: 대제사장을 찾아가 요청(위협과 살기 등등)
*다메섹 여러 회당에 가져갈 공문 요구
*그 도를 따르는 사람을 만나면 남녀를 막론하고 결박하여 예루살렘으로 잡아 오기 위한 목적(행9:1-2)

로마 황제 '디베료'(티베리우스)
[Tiberius, 눅3:1]
A.D 14.9.18-37.3.16

세례 받음 "3일"
"보지 못하고, 먹지도 마시지도 아니함"(행9:9)
환상 중에 아나니아를 불러 이르시되 '일어나 직가라 하는 거리'로 가서, 유다의 집에서 다소의 사람 사울이라 하는 사람을 찾으라, 그가 '기도'하는 중이니라(행9:11)
"나를 보내어 너로 다시 보게 하시고 성령으로 충만하게 하신다"(행9:17)
사울에게 '안수'하여 비늘 같은 것이 벗겨져 다시 보게 되었으며, 사울은 일어나, '세례'받고 음식을 먹으매 강건해짐(행9:18-19)

Ananias 아나니아 (행9:10) "다메섹에 있는 예수의 제자"

1 말씀 기록 노트

사울의 회심과 초기 활동

Timeline of the Apostle Paul BIBLE ATLAS

PAUL'S CONVERSION AND EARLY MINISTRY

사울의 회심과 초기 활동   행9:1-31, 11:19-30, 12:1-25
(A.D.33)

•바울에 관한 묘사
외경 '바울과 데크라의 행적' *The Acts of Paul and Thecla*
(대머리, 흰 다리, 매부리코, 작은 신장, 천사의 얼굴을 가짐)

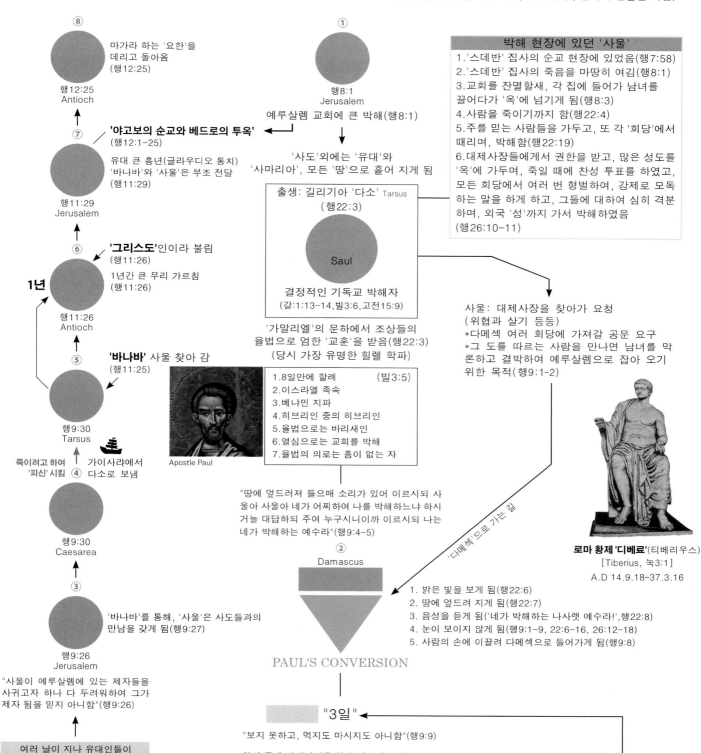

⑧
마가라 하는 '요한'을
데리고 돌아옴
(행12:25)

행12:25
Antioch

⑦
'야고보의 순교와 베드로의 투옥'
(행12:1-25)

유대 큰 흉년(글라우디오 통치)
'바나바'와 '사울'은 부조 전달
(행11:29)

행11:29
Jerusalem

⑥
'그리스도'인이라 불림
(행11:26)

1년간 큰 무리 가르침
(행11:26)

1년

행11:26
Antioch

⑤
'바나바' 사울 찾아 감
(행11:25)

행9:30
Tarsus

죽이려고 하여   가이사랴에서
'피신'시킴 ④ 다소로 보냄

행9:30
Caesarea

③

'바나바'를 통해, '사울'은 사도들과의
만남을 갖게 됨(행9:27)

행9:26
Jerusalem

"사울이 예루살렘에 있는 제자들을
사귀고자 하나 다 두려워하여 그가
제자 됨을 믿지 아니함"(행9:26)

여러 날이 지나 유대인들이
'사울'을 죽이기로 공모(행9:23)

사울이 다메섹에 있는 제자들과
함께 몇일 있을새, 즉시로 각 회당에서
'예수가 하나님의 아들'이심을 전파
(행9:20)

①

행8:1
Jerusalem

예루살렘 교회에 큰 박해(행8:1)

'사도'외에는 '유대'와
'사마리아', 모든 '땅'으로 흩어 지게 됨

출생: 길리기아 '다소' Tarsus
(행22:3)

Saul

결정적인 기독교 박해자
(갈1:13-14,빌3:6,고전15:9)

'가마리엘'의 문하에서 조상들의
율법으로 엄한 '교훈'을 받음(행22:3)
(당시 가장 유명한 힐렐 학파)

Apostle Paul

1. 8일만에 할례   (빌3:5)
2. 이스라엘 족속
3. 베냐민 지파
4. 히브리인 중의 히브리인
5. 율법으로는 바리새인
6. 열심으로는 교회를 박해
7. 율법의 의로는 흠이 없는 자

"땅에 엎드러져 들으매 소리가 있어 이르시되 사
울아 사울아 네가 어찌하여 나를 박해하느냐 하시
거늘 대답하되 주여 누구시니이까 이르시되 나는
네가 박해하는 예수라"(행9:4-5)

②
Damascus

박해 현장에 있던 '사울'

1. '스데반' 집사의 순교 현장에 있었음(행7:58)
2. '스데반' 집사의 죽음을 마땅히 여김(행8:1)
3. 교회를 잔멸할새, 각 집에 들어가 남녀를
   끌어다가 '옥'에 넘기게 됨(행8:3)
4. 사람을 죽이기까지 함(행22:4)
5. 주를 믿는 사람들을 가두고, 또 각 '회당'에서
   때리며, 박해함(행22:19)
6. 대제사장들에게서 권한을 받고, 많은 성도를
   '옥'에 가두며, 죽일 때에 찬성 투표를 하였고,
   모든 회당에서 여러 번 형벌하여, 강제로 모독
   하는 말을 하게 하고, 그들에 대하여 심히 격분
   하며, 외국 '성'까지 가서 박해하였음
   (행26:10-11)

사울: 대제사장을 찾아가 요청
(위협과 살기 등등)
*다메섹 여러 회당에 가져갈 공문 요구
*그 도를 따르는 사람을 만나면 남녀를 막
론하고 결박하여 예루살렘으로 잡아 오기
위한 목적(행9:1-2)

로마 황제 '디베료'(티베리우스)
[Tiberius, 눅3:1]
A.D 14.9.18-37.3.16

'다메섹'으로 가는 길

1. 밝은 빛을 보게 됨(행22:6)
2. 땅에 엎드려 지게 됨(행22:7)
3. 음성을 듣게 됨('네가 박해하는 나사렛 예수라!',행22:8)
4. 눈이 보이지 않게 됨(행9:1-9, 22:6-16, 26:12-18)
5. 사람의 손에 이끌려 다메섹으로 들어가게 됨(행9:8)

PAUL'S CONVERSION

"3일"

"보지 못하고, 먹지도 마시지도 아니함"(행9:9)

환상 중에 아나니아를 불러 이르시되 '일어나 직가라 하는 거리'로 가서, 유다의 집에서
다소의 사람 사울이라 하는 사람을 찾으라, 그가 '기도'하는 중이니라(행9:11)

"나를 보내어 너로 다시 보게 하시고 성령으로 충만하게 하신다"(행9:17)

Ananias

(행9:10)

"다메섹에 있는 예수의 제자"

사울에게 '안수'하여 비늘 같은 것이 벗겨져 다시 보게 되었으며, 사울은
일어나, '세례'받고 음식을 먹으매 강건해짐(행9:18-19)

본문 말씀 읽기
【행9:1-31, 11:19-30, 12:1-25】

제 9장
사울이 회개하다
1 사울이 주의 제자들에 대하여 여전히 위협과 살기가 등등하여 대제사장에게 가서
2 다메섹 여러 회당에 가져갈 공문을 청하니 이는 만일 그 도를 따르는 사람을 만나면 남녀를 막론하고 결박하여 예루살렘으로 잡아오려 함이라
3 사울이 길을 가다가 다메섹에 가까이 이르더니 홀연히 하늘로부터 빛이 그를 둘러 비추는지라
4 땅에 엎드러져 들으매 소리가 있어 이르시되 사울아 사울아 네가 어찌하여 나를 박해하느냐 하시거늘
5 대답하되 주여 누구시니이까 이르시되 나는 네가 박해하는 예수라
6 너는 일어나 시내로 들어가라 네가 행할 것을 네게 이를 자가 있느니라 하시니
7 같이 가던 사람들은 소리만 듣고 아무도 보지 못하여 말을 못하고 서 있더라
8 사울이 땅에서 일어나 눈은 떴으나 아무 것도 보지 못하고 사람의 손에 끌려 다메섹으로 들어가서
9 사흘 동안 보지 못하고 먹지도 마시지도 아니하니라
10 그 때에 다메섹에 아나니아라 하는 제자가 있더니 주께서 환상 중에 불러 이르시되 아나니아야 하시거늘 대답하되 주여 내가 여기 있나이다 하니
11 주께서 이르시되 일어나 직가라 하는 거리로 가서 유다의 집에서 다소 사람 사울이라 하는 사람을 찾으라 그가 기도하는 중이니라
12 그가 아나니아라 하는 사람이 들어와서 자기에게 안수하여 다시 보게 하는 것을 1)보았느니라 하시거늘
13 아나니아가 대답하되 주여 이 사람에 대하여 내가 여러 사람에게 듣사온즉 그가 예루살렘에서 주의 성도에게 적지 않은 해를 끼쳤다 하더니
14 여기서도 주의 이름을 부르는 모든 사람을 결박할 권한을 대제사장들에게서 받았나이다 하거늘
15 주께서 이르시되 가라 이 사람은 내 이름을 이방인과 임금들과 이스라엘 자손들에게 전하기 위하여 택한 나의 그릇이라
16 그가 내 이름을 위하여 얼마나 고난을 받아야 할 것을 내가 그에게 보이리라 하시니
17 아나니아가 떠나 그 집에 들어가서 그에게 안수하여 이르되 형제 사울아 주 곧 네가 오는 길에서 나타나셨던 예수께서 나를 보내어 너로 다시 보게 하시고 성령으로 충만하게 하신다 하니
18 즉시 사울의 눈에서 비늘 같은 것이 벗어져 다시 보게 된지라 일어나 2)세례를 받고
19 음식을 먹으매 강건하여지니라

사울이 다메섹에서 전도하다
사울이 다메섹에 있는 제자들과 함께 며칠 있을새
20 즉시로 각 회당에서 예수가 하나님의 아들이심을 전파하니
21 듣는 사람이 다 놀라 말하되 이 사람이 예루살렘에서 이 이름을 부르는 사람을 멸하려던 자가 아니냐 여기 온 것도 그들을 결박하여 대제사장들에게 끌어 가고자 함이 아니냐 하더라
22 사울은 힘을 더 얻어 예수를 그리스도라 증언하여 다메섹에 사는 유대인들을 당혹하게 하니라

사울이 피신하다
23 여러 날이 지나매 유대인들이 사울 죽이기를 공모하더니
24 그 계교가 사울에게 알려지니라 그들이 그를 죽이려고 밤낮으로 성문까지 지키거늘
25 그의 제자들이 밤에 사울을 광주리에 담아 성벽에서 달아 내리니라

사울이 예루살렘에 가다
26 사울이 예루살렘에 가서 제자들을 사귀고자 하나 다 두려워하여 그가 제자 됨을 믿지 아니하니
27 바나바가 데리고 사도들에게 가서 그가 길에서 어떻게 주를 보았는지와 주께서 그에게 말씀하신 일과 다메섹에서 그가 어떻게 예수의 이름으로 담대히 말하였는지를 전하니라
28 사울이 제자들과 함께 있어 예루살렘에 출입하며
29 또 주 예수의 이름으로 담대히 말하고 헬라파 유대인들과 함께 말하며 변론하니 그 사람들이 죽이려고 힘쓰거늘
30 형제들이 알고 가이사랴로 데리고 내려가서 다소로 보내니라
31 그리하여 온 유대와 갈릴리와 사마리아 교회가 평안하여 든든히 서 가고 주를 경외함과 성령의 3)위로로 진행하여 수가 더 많아지니라

제 11장
안디옥 교회
19 그 때에 스데반의 일로 일어난 환난으로 말미암아 흩어진 자들이 베니게와 구브로와 안디옥까지 이르러 유대인에게만 말씀을 전하는데
20 그 중에 구브로와 구레네 몇 사람이 안디옥에 이르러 2)헬라인에게도 말하여 주 예수를 3)전파하니
21 주의 손이 그들과 함께 하시매 수많은 사람들이 믿고 주께 돌아오더라
22 예루살렘 교회가 이 사람들의 소문을 듣고 바나바를 안디옥까지 보내니
23 그가 이르러 하나님의 은혜를 보고 기뻐하여 모든 사람에게 굳건한 마음으로 주와 함께 머물러 있으라 권하니
24 바나바는 착한 사람이요 성령과 믿음이 충만한 사람이라 이에 큰 무리가 주께 더하여지더라
25 바나바가 사울을 찾으러 다소에 가서
26 만나매 안디옥에 데리고 와서 둘이 교회에 일 년간 모여 있어 큰 무리를 가르쳤고 제자들이 안디옥에서 비로소 그리스도인이라 일컬음을 받게 되었더라
27 그 때에 선지자들이 예루살렘에서 안디옥에 이르니
28 그 중에 아가보라 하는 한 사람이 일어나 성령으로 말하되 천하에 큰 흉년이 들리라 하더니 글라우디오 때에 그렇게 되니라
29 제자들이 각각 그 힘대로 유대에 사는 형제들에게 4)부조를 보내기로 작정하고
30 이를 실행하여 바나바와 사울의 손으로 장로들에게 보내니라

제 12 장
야고보의 순교와 베드로의 투옥
1 그 때에 헤롯 왕이 손을 들어 교회 중에서 몇 사람을 해하려 하여
2 요한의 형제 야고보를 칼로 죽이니
3 유대인들이 이 일을 기뻐하는 것을 보고 베드로도 잡으려 할새 때는 무교절 기간이라
4 잡으매 옥에 가두어 군인 넷씩인 네 패에게 맡겨 지키고 유월절 후에 백성 앞에 끌어 내고자 하더라
5 이에 베드로는 옥에 갇혔고 교회는 그를 위하여 간절히 하나님께 기도하더라
6 헤롯이 잡아 내려고 하는 그 전날 밤에 베드로가 두 군인 틈에서 두 쇠사슬에 매여 누워 자는데 파수꾼들이 문 밖에서 옥을 지키더니
7 홀연히 주의 사자가 나타나매 옥중에 광채가 빛나며 또 베

드로의 옆구리를 쳐 깨워 이르되 급히 일어나라 하니 쇠사슬이 그 손에서 벗어지더라

8 천사가 이르되 띠를 띠고 신을 신으라 하거늘 베드로가 그대로 하니 천사가 또 이르되 겉옷을 입고 따라오라 한대

9 베드로가 나와서 따라갈새 천사가 하는 것이 생시인 줄 알지 못하고 환상을 보는가 하니라

10 이에 첫째와 둘째 파수를 지나 시내로 통한 쇠문에 이르니 문이 저절로 열리는지라 나와서 한 거리를 지나매 천사가 곧 떠나더라

11 이에 베드로가 정신이 들어 이르되 내가 이제야 참으로 주께서 그의 천사를 보내어 나를 헤롯의 손과 유대 백성의 모든 기대에서 벗어나게 하신 줄 알겠노라 하여

12 깨닫고 마가라 하는 요한의 어머니 마리아의 집에 가니 여러 사람이 거기에 모여 기도하고 있더라

13 베드로가 대문을 두드린대 로데라 하는 여자 아이가 영접하러 나왔다가

14 베드로의 음성인 줄 알고 기뻐하여 문을 미처 열지 못하고 달려 들어가 말하되 베드로가 대문 밖에 섰더라 하니

15 그들이 말하되 네가 미쳤다 하나 여자 아이는 힘써 말하되 참말이라 하니 그들이 말하되 그러면 그의 천사라 하더라

16 베드로가 문 두드리기를 그치지 아니하니 그들이 문을 열어 베드로를 보고 놀라는지라

17 베드로가 그들에게 손짓하여 조용하게 하고 주께서 자기를 이끌어 옥에서 나오게 하던 일을 말하고 또 야고보와 형제들에게 이 말을 전하라 하고 떠나 다른 곳으로 가니라

18 날이 새매 군인들은 베드로가 어떻게 되었는지 알지 못하여 적지 않게 소동하니

19 헤롯이 그를 찾아도 보지 못하매 파수꾼들을 심문하고 죽이라 명하니라 헤롯이 유대를 떠나 가이사랴로 내려가서 머무니라

헤롯이 죽다

20 헤롯이 두로와 시돈 사람들을 대단히 노여워하니 그들의 지방이 왕국에서 나는 양식을 먹는 까닭에 한마음으로 그에게 나아와 왕의 침소 맡은 신하 블라스도를 설득하여 화목하기를 청한지라

21 헤롯이 날을 택하여 왕복을 입고 단상에 앉아 백성에게 연설하니

22 백성들이 크게 부르되 이것은 신의 소리요 사람의 소리가 아니라 하거늘

23 헤롯이 영광을 하나님께로 돌리지 아니하므로 주의 사자가 곧 치니 벌레에게 먹혀 죽으니라

24 하나님의 말씀은 흥왕하여 더하더라

25 바나바와 사울이 1)부조하는 일을 마치고 마가라 하는 요한을 데리고 예루살렘에서 돌아오니라

성경 역사와 로마 황제

율리우스-클라우디우스 왕조
(Domus Iulio-Claudia)

1. 가이사 아구스도
[Augustus, Gaius Octavius, 눅2:1]
B.C 27.1.16–A.D 14.8.19

2. 디베료(티베리우스)
[Tiberius, 눅3:1]
A.D 14.9.18–37.3.16

'디베료' 황제 때, '헤롯 아그립바 1세'는 감옥에 투옥 되었고, A.D.37년 '칼리굴라'가 황제가 되자, '헤롯 아그립바 1세'를 석방하고 '헤롯 빌립'의 영토를 다스리게 함

A.D.39년 로마 황제에게 고발하여 '헤롯 안티파스'와 '헤로디아'는 추방을 당했으며, 그 뒤를 이어 '헤롯 아그립바 1세'가 대신 그 지역을 통치하게 됨

3. 칼리굴라(가이우스)
[Caligula]
A.D 37.3.18–41.1.24
*A.D.41.호민관 '카이레아'에게 암살

4. 글라우디오(클라우디우스)
[Claudius, 행11:28]
A.D 41.1.24–54.10.13
*네로 황제의 아버지

'헤롯 아그립바 1세'는 '글라우디오' 황제를 지지하고 도움을 주게 됨
A.D.41년 '글라우디오' 황제를 통해 '유대 전역의 왕'으로 세워지게 됨
(총독이 다스린 유대와 사마리아 영토도 다스리게 됨, A.D.44.년 죽음)

5. 네로
[Nero]
A.D 54.10.13–68.6.9

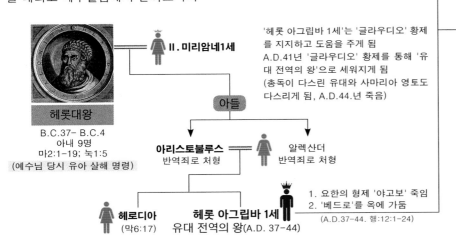

II. 미리암네1세

헤롯대왕
B.C.37– B.C.4
아내 9명
마2:1-19; 눅1:5
(예수님 당시 유아 살해 명령)

아들

아리스토블루스 = 알렉산더
반역죄로 처형 / 반역죄로 처형

헤로디아
(막6:17)

헤롯 아그립바 1세
유대 전역의 왕(A.D. 37-44)

1. 요한의 형제 '야고보' 죽임
2. '베드로'를 옥에 가둠
(A.D.37-44. 행:12:1-24)

1 본문 말씀 읽기
【행9:1-31, 11:19-30, 12:1-25】

Chapter 9
Saul Becomes a Follower of the Lord
(Acts 22.6-16; 26.12-18)

1 Saul kept on threatening to kill the Lord's followers. He even went to the high priest

2 and asked for letters to the Jewish leaders in Damascus. He did this because he wanted to arrest and take to Jerusalem any man or woman who had accepted the Lord's Way. d)

3 When Saul had almost reached Damascus, a bright light from heaven suddenly flashed around him.

4 He fell to the ground and heard a voice that said, "Saul! Saul! Why are you so cruel to me?"

5 "Who are you?" Saul asked.

"I am Jesus," the Lord answered. "I am the one you are so cruel to.

6 Now get up and go into the city, where you will be told what to do."

7 The men with Saul stood there speechless. They had heard the voice, but they had not seen anyone.

8 Saul got up from the ground, and when he opened his eyes, he could not see a thing. Someone then led him by the hand to Damascus,

9 and for three days he was blind and did not eat or drink.

10 A follower named Ananias lived in Damascus, and the Lord spoke to him in a vision. Ananias answered, "Lord, here I am."

11 The Lord said to him, "Get up and go to the house of Judas on Straight Street. When you get there, you will find a man named Saul from the city of Tarsus. Saul is praying,

12 and he has seen a vision. He saw a man named Ananias coming to him and putting his hands on him, so that he could see again."

13 Ananias replied, "Lord, a lot of people have told me about the terrible things this man has done to your followers in Jerusalem.

14 Now the chief priests have given him the power to come here and arrest anyone who worships in your name."

15 The Lord said to Ananias, "Go! I have chosen him to tell foreigners, kings, and the people of Israel about me.

16 I will show him how much he must suffer for worshiping in my name."

17 Ananias left and went into the house where Saul was staying. Ananias placed his hands on him and said, "Saul, the Lord Jesus has sent me. He is the same one who appeared to you along the road. He wants you to be able to see and to be filled with the Holy Spirit."

18 Suddenly something like fish scales fell from Saul's eyes, and he could see. He got up and was baptized.

19 Then he ate and felt much better.

Saul Preaches in Damascus
For several days Saul stayed with the Lord's followers in Damascus.

20 Soon he went to the Jewish meeting places and started telling people that Jesus is the Son of God.

21 Everyone who heard Saul was amazed and said, "Isn't this the man who caused so much trouble for those people in Jerusalem who worship in the name of Jesus? Didn't he come here to arrest them and take them to the chief priests?"

22 Saul preached with such power that he completely confused the Jewish people in Damascus, as he tried to show them that Jesus is the Messiah.

23 Later some of them made plans to kill Saul,

24 but he found out about it. He learned that they were guarding the gates of the city day and night in order to kill him.

25 Then one night his followers let him down over the city wall in a large basket.

Saul in Jerusalem

26 When Saul arrived in Jerusalem, he tried to join the followers. But they were all afraid of him, because they did not believe he was a true follower.

27 Then Barnabas helped him by taking him to the apostles. He explained how Saul had seen the Lord and how the Lord had spoken to him. Barnabas also said that when Saul was in Damascus, he had spoken bravely in the name of Jesus.

28 Saul moved about freely with the followers in Jerusalem and told everyone about the Lord.

29 He was always arguing with the Jews who spoke Greek, and so they tried to kill him.

30 But the followers found out about this and took Saul to Caesarea. From there they sent him to the city of Tarsus.

31 The church in Judea, Galilee, and Samaria now had a time of peace and kept on worshiping the Lord. The church became stronger, as the Holy Spirit encouraged it and helped it grow.

Chapter 11
The Church in Antioch

19 Some of the Lord's followers had been scattered because of the terrible trouble that started when Stephen was killed. They went as far as Phoenicia, Cyprus, and Antioch, but they told the message only to the Jews.

20 Some of the followers from Cyprus and Cyrene went to Antioch and started telling Gentiles l) the good news about the Lord Jesus.

21 The Lord's power was with them, and many people turned to the Lord and put their faith in him.

22 News of what was happening reached the church in Jerusalem. Then they sent Barnabas to Antioch.

23 When Barnabas got there and saw what God had been kind enough to do for them, he was very glad. So he begged them to remain faithful to the Lord with all their hearts.

24 Barnabas was a good man of great faith, and he was filled with the Holy Spirit. Many more people turned to the Lord.

25 Barnabas went to Tarsus to look for Saul.

26 He found Saul and brought him to Antioch, where they met with the church for a whole year and taught many of its people. There in Antioch the Lord's followers were first called Christians.

27 During this time some prophets from Jerusalem came to Antioch.

28 One of them was Agabus. Then with the help of the Spirit, he told that there would be a terrible famine everywhere in the world. And it happened when Claudius was Emperor. m)

29 The followers in Antioch decided to send whatever help

they could to the followers in Judea.

30   So they had Barnabas and Saul take their gifts to the church leaders in Jerusalem.

Chapter 12
Herod Causes Trouble for the Church

1   At that time King Herod n) caused terrible suffering for some members of the church.

2   He ordered soldiers to cut off the head of James, the brother of John.

3   When Herod saw that this pleased the Jewish people, he had Peter arrested during the Festival of Thin Bread.

4   He put Peter in jail and ordered four squads of soldiers to guard him. Herod planned to put him on trial in public after the festival.

5   While Peter was being kept in jail, the church never stopped praying to God for him.

Peter Is Rescued

6   The night before Peter was to be put on trial, he was asleep and bound by two chains. A soldier was guarding him on each side, and two other soldiers were guarding the entrance to the jail.

7   Suddenly an angel from the Lord appeared, and light flashed around in the cell. The angel poked Peter in the side and woke him up. Then he said, "Quick! Get up!" The chains fell off his hands,

8   and the angel said, "Get dressed and put on your sandals." Peter did what he was told. Then the angel said, "Now put on your coat and follow me."

9   Peter left with the angel, but he thought everything was only a dream.

10   They went past the two groups of soldiers, and when they came to the iron gate to the city, it opened by itself. They went out and were going along the street, when all at once the angel disappeared.

11   Peter now realized what had happened, and he said, "I am certain that the Lord sent his angel to rescue me from Herod and from everything the Jewish leaders planned to do to me."

12   Then Peter went to the house of Mary the mother of John whose other name was Mark. Many of the Lord's followers had come together there and were praying.

13   Peter knocked on the gate, and a servant named Rhoda came to answer.

14   When she heard Peter's voice, she was too excited to open the gate. She ran back into the house and said that Peter was standing there.

15   "You are crazy!" everyone told her. But she kept saying that it was Peter. Then they said, "It must be his angel." o)

16   But Peter kept on knocking, until finally they opened the gate. They saw him and were completely amazed.

17   Peter motioned for them to keep quiet. Then he told how the Lord had led him out of jail. He also said, "Tell James p) and the others what has happened." After that, he left and went somewhere else.

18   The next morning the soldiers who had been on guard were terribly worried and wondered what had happened to Peter.

19   Herod ordered his own soldiers to search for him, but they could not find him. Then he questioned the guards and had them put to death. After this, Herod left Judea to stay in Caesarea for a while.

Herod Dies

20   Herod and the people of Tyre and Sidon were very angry with each other. But their country got its food supply from the region that he ruled. So a group of them went to see Blastus, who was one of Herod's high officials. They convinced Blastus that they wanted to make peace between their cities and Herod,

21   and a day was set for them to meet with him. Herod came dressed in his royal robes. He sat down on his throne and made a speech.

22   The people shouted, "You speak more like a god than a man!"

23   At once an angel from the Lord struck him down because he took the honor that belonged to God. Later, Herod was eaten by worms and died.

24   God's message kept spreading.

25   And after Barnabas and Saul had done the work they were sent to do, they went back to Jerusalem q) with John, whose other name was Mark.

2

지도로 따라가는 사도 바울의 일생

바울의 1차 선교 여정

Ⅰ. 사울의 회심과 초기 활동
●••➤ Ⅱ. 바울의 1차 선교 여정
Ⅲ. 바울의 2차 선교 여정
Ⅳ. 바울의 3차 선교 여정
Ⅴ. 사도 바울의 로마행

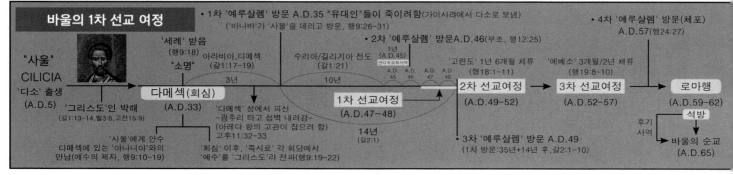

PAUL'S FIRST MISSIONARY JOURNEY

바울의 1차 선교 여정 행13:1-14:28
(A.D.47~48)

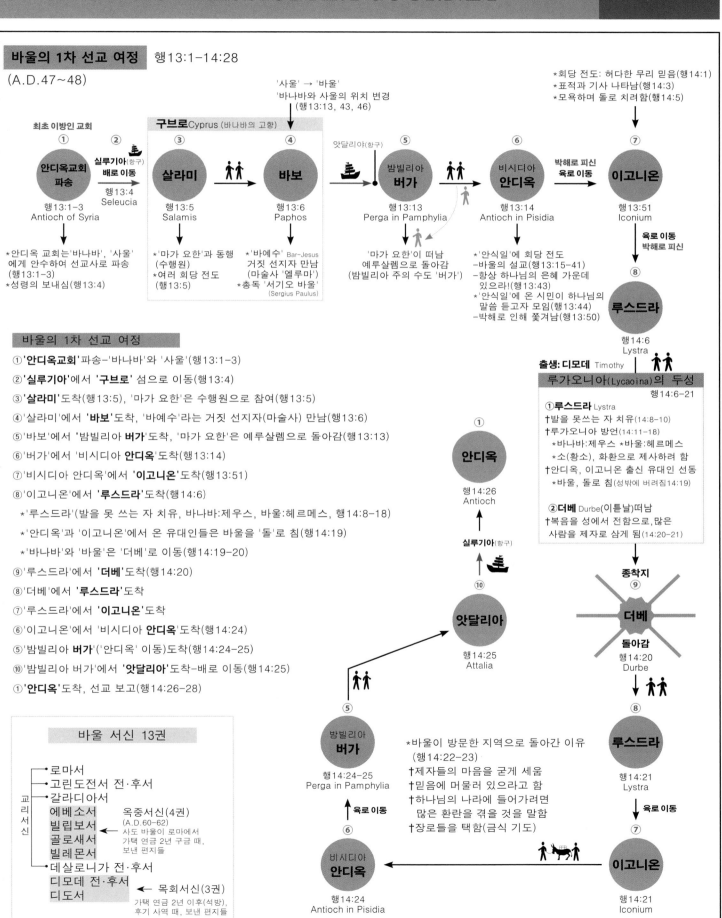

'사울' → '바울'
'바나바와 사울의 위치 변경
(행13:13, 43, 46)

*회당 전도: 허다한 무리 믿음(행14:1)
*표적과 기사 나타남(행14:3)
*모욕하며 돌로 치려함(행14:5)

최초 이방인 교회
① 안디옥교회 파송
행13:1-3
Antioch of Syria

② 실루기아(항구) 배로 이동
행13:4
Seleucia

구브로 Cyprus (바나바의 고향)

③ 살라미
행13:5
Salamis

④ 바보
행13:6
Paphos

앗달리아(항구)

⑤ 밤빌리아 버가
행13:13
Perga in Pamphylia

⑥ 비시디아 안디옥
행13:14
Antioch in Pisidia

박해로 피신 육로 이동

⑦ 이고니온
행13:51
Iconium

육로 이동 박해로 피신

⑧ 루스드라
행14:6
Lystra

*안디옥 교회는 '바나바', '사울'에게 안수하여 선교사로 파송(행13:1-3)
*성령의 보내심(행13:4)

*'마가 요한'과 동행(수행원)
*여러 회당 전도(행13:5)

*'바예수' Bar-Jesus 거짓 선지자 만남(마술사 '엘루마')
*총독 '서기오 바울'(Sergius Paulus)

'마가 요한'이 떠남 예루살렘으로 돌아감(밤빌리아 주의 수도 '버가')

*'안식일'에 회당 전도 -바울의 설교(행13:15-41) -항상 하나님의 은혜 가운데 있으라(행13:43)
*'안식일'에 온 시민이 하나님의 말씀 듣고자 모임(행13:44) -박해로 인해 쫓겨남(행13:50)

바울의 1차 선교 여정

① '안디옥교회' 파송 - '바나바'와 '사울'(행13:1-3)

② '실루기아'에서 '구브로' 섬으로 이동(행13:4)

③ '살라미' 도착(행13:5), '마가 요한'은 수행원으로 참여(행13:5)

④ '살라미'에서 '바보' 도착, '바예수'라는 거짓 선지자(마술사) 만남(행13:6)

⑤ '바보'에서 '밤빌리아 버가' 도착, '마가 요한'은 예루살렘으로 돌아감(행13:13)

⑥ '버가'에서 '비시디아 안디옥' 도착(행13:14)

⑦ '비시디아 안디옥'에서 '이고니온' 도착(행13:51)

⑧ '이고니온'에서 '루스드라' 도착(행14:6)

　*'루스드라'(발을 못 쓰는 자 치유, 바나바:제우스, 바울:헤르메스, 행14:8-18)

　*'안디옥'과 '이고니온'에서 온 유대인들은 바울을 '돌'로 침(행14:19)

　*'바나바'와 '바울'은 '더베'로 이동(행14:19-20)

⑨ '루스드라'에서 '더베' 도착(행14:20)

⑧ '더베'에서 '루스드라' 도착

⑦ '루스드라'에서 '이고니온' 도착

⑥ '이고니온'에서 '비시디아 안디옥' 도착(행14:24)

⑤ '밤빌리아 버가'('안디옥' 이동)도착(행14:24-25)

⑩ '밤빌리아 버가'에서 '앗달리아' 도착-배로 이동(행14:25)

① '안디옥' 도착, 선교 보고(행14:26-28)

출생: 디모데 Timothy

루가오니아(Lycaoina)의 두성
행14:6-21

① 루스드라 Lystra
†발을 못쓰는 자 치유(14:8-10)
†루가오니아 방언(14:11-18)
　*바나바:제우스 *바울:헤르메스
　*소(황소), 화환으로 제사하려 함
†안디옥, 이고니온 출신 유대인 선동
　*바울, 돌로 침(성밖에 버려짐14:19)

② 더베 Durbe(이튿날)떠남
†복음을 성에서 전함으로, 많은 사람을 제자로 삼게 됨(14:20-21)

① 안디옥
행14:26
Antioch

실루기아(항구)

⑩ 앗달리아
행14:25
Attalia

종착지
⑨ 더베
돌아감
행14:20
Durbe

⑧ 루스드라
행14:21
Lystra

육로 이동

⑤ 밤빌리아 버가
행14:24-25
Perga in Pamphylia

*바울이 방문한 지역으로 돌아간 이유 (행14:22-23)
†제자들의 마음을 굳게 세움
†믿음에 머물러 있으라고 함
†하나님의 나라에 들어가려면 많은 환란을 겪을 것을 말함
†장로들을 택함(금식 기도)

⑥ 비시디아 안디옥
행14:24
Antioch in Pisidia

육로 이동

⑦ 이고니온
행14:21
Iconium

바울 서신 13권

교리서신
- 로마서
- 고린도전서 전·후서
- 갈라디아서
- 에베소서
- 빌립보서
- 골로새서
- 빌레몬서
- 데살로니가 전·후서
- 디모데 전·후서
- 디도서

옥중서신(4권)
(A.D.60-62)
사도 바울이 로마에서 가택 연금 2년 구금 때, 보낸 편지들

목회서신(3권)
가택 연금 2년 이후(석방), 후기 사역 때, 보낸 편지들

2 말씀 기록 노트

바울의 1차 선교 여정

PAUL'S FIRST MISSIONARY JOURNEY

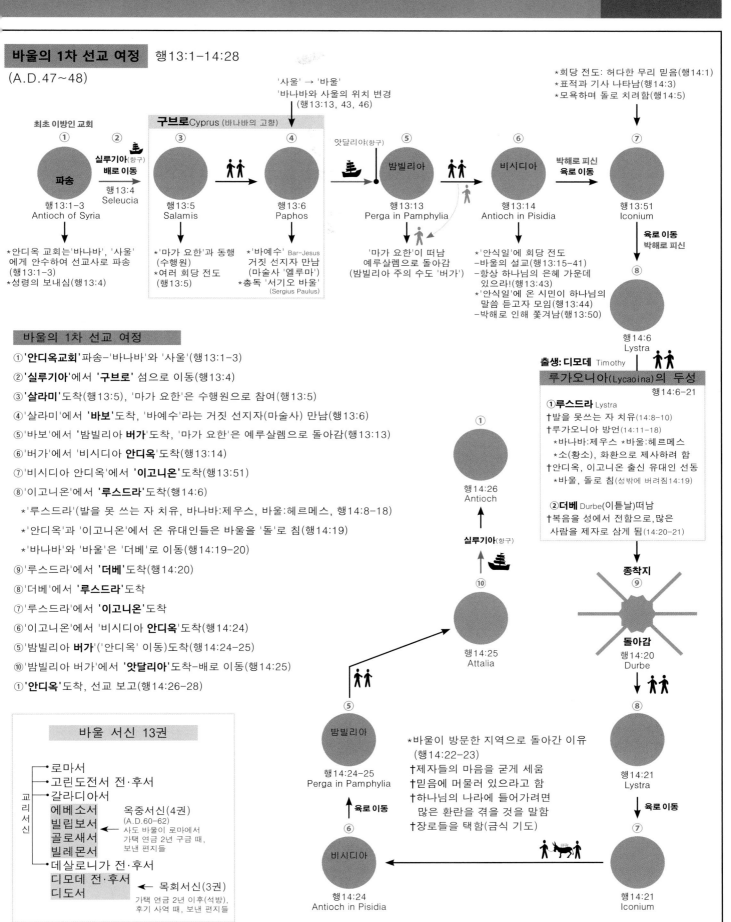

바울의 1차 선교 여정 행13:1-14:28
(A.D.47~48)

*회당 전도: 허다한 무리 믿음(행14:1)
*표적과 기사 나타남(행14:3)
*모욕하며 돌로 치려함(행14:5)

'사울' → '바울'
'바나바와 사울의 위치 변경
(행13:13, 43, 46)

최초 이방인 교회
① 파송
행13:1-3
Antioch of Syria

② 실루기아(항구)
배로 이동
행13:4
Seleucia

구브로 Cyprus (바나바의 고향)
③ 행13:5
Salamis

④ 행13:6
Paphos

앗달리아(항구)
⑤ 밤빌리아
행13:13
Perga in Pamphylia

⑥ 비시디아
행13:14
Antioch in Pisidia

박해로 피신
육로 이동
⑦ 행13:51
Iconium

육로 이동
박해로 피신

⑧ 행14:6
Lystra

*안디옥 교회는 '바나바', '사울'
에게 안수하여 선교사로 파송
(행13:1-3)
*성령의 보내심(행13:4)

*'마가 요한'과 동행
(수행원)
*여러 회당 전도
(행13:5)

*'바예수' Bar-Jesus
거짓 선지자 만남
(마술사 '엘루마')
*총독 '서기오 바울'
(Sergius Paulus)

'마가 요한'이 떠남
예루살렘으로 돌아감
(밤빌리아 주의 수도 '버가')

*'안식일'에 회당 전도
-바울의 설교(행13:15-41)
-항상 하나님의 은혜 가운데
있으라!(행13:43)
*'안식일'에 온 시민이 하나님의
말씀 듣고자 모임(행13:44)
-박해로 인해 쫓겨남(행13:50)

출생: 디모데 Timothy
루가오니아(Lycaoina)의 두성
행14:6-21

①루스드라 Lystra
†발을 못쓰는 자 치유(14:8-10)
†루가오니아 방언(14:11-18)
 *바나바:제우스 *바울:헤르메스
 *소(황소), 화환으로 제사하려 함
†안디옥, 이고니온 출신 유대인 선동
 *바울, 돌로 침(성밖에 버려짐14:19)

②더베 Durbe(이튿날)떠남
†복음을 성에서 전함으로, 많은
 사람을 제자로 삼게 됨(14:20-21)

바울의 1차 선교 여정

① '안디옥교회'파송-'바나바'와 '사울'(행13:1-3)

② '실루기아'에서 '구브로' 섬으로 이동(행13:4)

③ '살라미'도착(행13:5), '마가 요한'은 수행원으로 참여(행13:5)

④ 살라미'에서 '바보'도착, '바예수'라는 거짓 선지자(마술사) 만남(행13:6)

⑤ '바보'에서 '밤빌리아 버가'도착, '마가 요한'은 예루살렘으로 돌아감(행13:13)

⑥ '버가'에서 '비시디아 안디옥'도착(행13:14)

⑦ '비시디아 안디옥'에서 '이고니온'도착(행13:51)

⑧ '이고니온'에서 '루스드라'도착(행14:6)

 *'루스드라'(발을 못 쓰는 자 치유, 바나바:제우스, 바울:헤르메스, 행14:8-18)

 *'안디옥'과 '이고니온'에서 온 유대인들은 바울을 '돌'로 침(행14:19)

 *'바나바'와 '바울'은 '더베'로 이동(행14:19-20)

⑨ '루스드라'에서 '더베'도착(행14:20)

⑧ '더베'에서 '루스드라'도착

⑦ '루스드라'에서 '이고니온'도착

⑥ '이고니온'에서 '비시디아 안디옥'도착(행14:24)

⑤ '밤빌리아 버가'('안디옥' 이동)도착(행14:24-25)

⑩ '밤빌리아 버가'에서 '앗달리아'도착-배로 이동(행14:25)

① '안디옥'도착, 선교 보고(행14:26-28)

① 행14:26
Antioch

실루기아(항구)

⑩ 행14:25
Attalia

⑤ 방빌리아
행14:24-25
Perga in Pamphylia

육로 이동
⑥ 비시디아
행14:24
Antioch in Pisidia

*바울이 방문한 지역으로 돌아간 이유
(행14:22-23)
†제자들의 마음을 굳게 세움
†믿음에 머물러 있으라고 함
†하나님의 나라에 들어가려면
 많은 환란을 겪을 것을 말함
†장로들을 택함(금식 기도)

종착지
⑨
돌아감
행14:20
Durbe

⑧ 행14:21
Lystra

육로 이동
⑦ 행14:21
Iconium

바울 서신 13권

교리서신
┌ 로마서
├ 고린도전서 전·후서
├ 갈라디아서
├ 에베소서   옥중서신(4권)
├ 빌립보서   (A.D.60~62)
├ 골로새서   사도 바울이 로마에서
├ 빌레몬서   가택 연금 2년 구금 때,
│   보낸 편지들
├ 데살로니가 전·후서
├ 디모데 전·후서 ← 목회서신(3권)
└ 디도서   가택 연금 2년 이후(석방),
                후기 사역 때, 보낸 편지들

2 본문 말씀 읽기

【행13:1-14:28】

제 13 장

1 안디옥 교회에 선지자들과 교사들이 있으니 곧 바나바와 니게르라 하는 시므온과 구레네 사람 루기오와 분봉 왕 헤롯의 젖동생 마나엔과 및 사울이라

2 주를 섬겨 금식할 때에 성령이 이르시되 내가 불러 시키는 일을 위하여 바나바와 사울을 따로 세우라 하시니

3 이에 금식하며 기도하고 두 사람에게 안수하여 보내니라

바나바와 사울이 구브로에서 전도하다

4 두 사람이 성령의 보내심을 받아 실루기아에 내려가 거기서 배 타고 구브로에 가서

5 살라미에 이르러 하나님의 말씀을 유대인의 여러 회당에서 전할새 요한을 수행원으로 두었더라

6 온 섬 가운데로 지나서 바보에 이르러 바예수라 하는 유대인 거짓 선지자인 마술사를 만나니

7 그가 총독 서기오 바울과 함께 있으니 서기오 바울은 지혜 있는 사람이라 바나바와 사울을 불러 하나님의 말씀을 듣고자 하더라

8 이 마술사 엘루마는 (이 이름을 번역하면 마술사라) 그들을 대적하여 총독으로 믿지 못하게 힘쓰니

9 바울이라고 하는 사울이 성령이 충만하여 그를 주목하고

10 이르되 모든 거짓과 악행이 가득한 자요 마귀의 자식이요 모든 의의 원수여 주의 바른 길을 굽게 하기를 그치지 아니하겠느냐

11 보라 이제 주의 손이 네 위에 있으니 네가 맹인이 되어 얼마 동안 해를 보지 못하리라 하니 즉시 안개와 어둠이 그를 덮어 인도할 사람을 두루 구하는지라

12 이에 총독이 그렇게 된 것을 보고 믿으며 주의 가르치심을 놀랍게 여기니라

바울과 바나바가 비시디아 안디옥에서 전도하다

13 바울과 및 동행하는 사람들이 바보에서 배 타고 밤빌리아에 있는 버가에 이르니 요한은 그들에게서 떠나 예루살렘으로 돌아가고

14 그들은 버가에서 더 나아가 비시디아 안디옥에 이르러 안식일에 회당에 들어가 앉으니라

15 율법과 선지자의 글을 읽은 후에 회당장들이 사람을 보내어 물어 이르되 형제들아 만일 백성을 권할 말이 있거든 말하라 하니

16 바울이 일어나 손짓하며 말하되 이스라엘 사람들과 및 하나님을 경외하는 사람들아 들으라

17 이 이스라엘 백성의 하나님이 우리 조상들을 택하시고 애굽 땅에서 나그네 된 그 백성을 높여 1)큰 권능으로 인도하여 내사

18 광야에서 약 사십 년간 2)그들의 소행을 참으시고

19 가나안 땅 일곱 족속을 멸하사 그 땅을 기업으로 주시기까지 약 사백오십 년간이라

20 그 후에 선지자 사무엘 때까지 사사를 주셨더니

21 그 후에 그들이 왕을 구하거늘 하나님이 베냐민 지파 사람 기스의 아들 사울을 사십 년간 주셨다가

22 폐하시고 다윗을 왕으로 세우시고 증언하여 이르시되 ㄱ)내가 이새의 아들 다윗을 만나니 내 마음에 맞는 사람이라 내 뜻을 다 이루리라 하시더니

23 하나님이 약속하신 대로 이 사람의 후손에서 이스라엘을 위하여 구주를 세우셨으니 곧 예수라

24 그가 오시기에 앞서 요한이 먼저 회개의 3)세례를 이스라엘 모든 백성에게 전파하니라

25 요한이 그 달려갈 길을 마칠 때에 말하되 너희가 나를 누구로 생각하느냐 나는 그리스도가 아니라 내 뒤에 오시는 이가 있으니 나는 그 발의 신발끈을 풀기도 감당하지 못하리라 하였으니

26 형제들아 아브라함의 후손과 너희 중 하나님을 경외하는 사람들아 이 구원의 말씀을 우리에게 보내셨거늘

27 예루살렘에 사는 자들과 그들 관리들이 예수와 및 안식일마다 외우는 바 선지자들의 말을 알지 못하므로 예수를 정죄하여 선지자들의 말을 응하게 하였도다

28 죽일 죄를 하나도 찾지 못하였으나 빌라도에게 죽여 달라 하였으니

29 성경에 그를 가리켜 기록한 말씀을 다 응하게 한 것이라 후에 나무에서 내려다가 무덤에 두었으나

30 하나님이 죽은 자 가운데서 그를 살리신지라

31 갈릴리로부터 예루살렘에 함께 올라간 사람들에게 여러 날 보이셨으니 그들이 이제 백성 앞에서 그의 증인이라

32 우리도 조상들에게 주신 약속을 너희에게 전파하노니

33 곧 하나님이 예수를 일으키사 우리 자녀들에게 이 약속을 이루게 하셨다 함이라 시편 둘째 편에 기록한 바와 같이 ㄴ)너는 내 아들이라 오늘 너를 낳았다 하셨고

34 또 하나님께서 죽은 자 가운데서 그를 일으키사 다시 썩음을 당하지 않게 하실 것을 가르쳐 이르시되 ㄷ)내가 다윗의 거룩하고 미쁜 은사를 너희에게 주리라 하셨으며

35 또 다른 시편에 일렀으되 ㄹ)주의 거룩한 자로 썩음을 당하지 않게 하시리라 하셨느니라

36 다윗은 당시에 하나님의 뜻을 따라 섬기다가 잠들어 그 조상들과 함께 묻혀 썩음을 당하였으되

37 하나님께서 살리신 이는 썩음을 당하지 아니하였나니

38 그러므로 형제들아 너희가 알 것은 이 사람을 힘입어 죄 사함을 너희에게 전하는 이것이며

39 또 모세의 율법으로 너희가 의롭다 하심을 얻지 못하던 모든 일에도 이 사람을 힘입어 믿는 자마다 의롭다 하심을 얻는 이것이라

40 그런즉 너희는 선지자들을 통하여 말씀하신 것이 너희에게 미칠까 삼가라

41 일렀으되 ㅁ)보라 멸시하는 사람들아 너희는 놀라고 멸망하라 내가 너희 때를 당하여 한 일을 행할 것이니 사람이 너희에게 일러줄지라도 도무지 믿지 못할 일이라 하였느니라

42 그들이 나갈새 사람들이 청하되 다음 안식일에도 이 말씀을 하라 하더라

43 회당의 모임이 끝난 후에 유대인과 유대교에 입교한 경건한 사람들이 많이 바울과 바나바를 따르니 두 사도가 더불어 말하고 항상 하나님의 은혜 가운데 있으라 권하니라

44 그 다음 안식일에는 온 시민이 거의 다 하나님의 말씀을 듣고자 하여 모이니

45 유대인들이 그 무리를 보고 시기가 가득하여 바울이 말한 것을 반박하고 비방하거늘

46 바울과 바나바가 담대히 말하여 이르되 하나님의 말씀을 마땅히 먼저 너희에게 전할 것이로되 너희가 그것을 버리고 영생을 얻기에 합당하지 않은 자로 자처하기로 우리가 이방인에게로 향하노라

47 주께서 이같이 우리에게 명하시되 ㅂ)내가 너를 이방의 빛으로 삼아 너로 땅 끝까지 구원하게 하리라 하셨느니라 하니

48 이방인들이 듣고 기뻐하여 하나님의 말씀을 찬송하며 영생을 주시기로 작정된 자는 다 믿더라

49 주의 말씀이 그 지방에 두루 퍼지니라

50 이에 유대인들이 경건한 귀부인들과 그 시내 유력자들을 선동하여 바울과 바나바를 박해하게 하여 그 지역에서 쫓아내니

51 두 사람이 그들을 향하여 발의 티끌을 떨어 버리고 이고니온으로 가거늘

52 제자들은 기쁨과 성령이 충만하니라

16

PAUL'S FIRST MISSIONARY JOURNEY

제 14 장
바울과 바나바가 이고니온에서 전도하다

1 이에 이고니온에서 두 사도가 함께 유대인의 회당에 들어가 말하니 유대와 헬라의 허다한 무리가 믿더라
2 그러나 순종하지 아니하는 유대인들이 이방인들의 마음을 선동하여 형제들에게 악감을 품게 하거늘
3 두 사도가 오래 있어 주를 힘입어 담대히 말하니 주께서 그들의 손으로 1)표적과 기사를 행하게 하여 주사 자기 은혜의 말씀을 증언하시니
4 그 시내의 무리가 나뉘어 유대인을 따르는 자도 있고 두 사도를 따르는 자도 있는지라
5 이방인과 유대인과 그 관리들이 두 사도를 모욕하며 돌로 치려고 달려드니
6 그들이 알고 도망하여 루가오니아의 두 성 루스드라와 더베와 그 근방으로 가서
7 거기서 복음을 전하니라

바울과 바나바가 루스드라에서 전도하다

8 루스드라에 발을 쓰지 못하는 한 사람이 앉아 있는데 나면서 걷지 못하게 되어 걸어 본 적이 없는 자라
9 바울이 말하는 것을 듣거늘 바울이 주목하여 구원 받을 만한 믿음이 그에게 있는 것을 보고
10 큰 소리로 이르되 네 발로 바로 일어서라 하니 그 사람이 일어나 걷는지라
11 무리가 바울이 한 일을 보고 루가오니아 방언으로 소리 질러 이르되 신들이 사람의 형상으로 우리 가운데 내려오셨다 하여
12 바나바는 제우스라 하고 바울은 그 중에 말하는 자이므로 헤르메스라 하더라
13 시외 제우스 신당의 제사장이 소와 화환들을 가지고 대문 앞에 와서 무리와 함께 제사하고자 하니
14 두 사도 바나바와 바울이 듣고 옷을 찢고 무리 가운데 뛰어 들어가서 소리 질러
15 이르되 여러분이여 어찌하여 이러한 일을 하느냐 우리도 여러분과 같은 성정을 가진 사람이라 여러분에게 복음을 전하는 것은 이런 헛된 일을 버리고 천지와 바다와 그 가운데 만물을 지으시고 살아 계신 하나님께로 돌아오게 함이라
16 하나님이 지나간 세대에는 모든 민족으로 자기들의 길들을 가게 방임하셨으나
17 그러나 자기를 증언하지 아니하신 것이 아니니 곧 여러분에게 하늘로부터 비를 내리시며 결실기를 주시는 선한 일을 하사 음식과 기쁨으로 여러분의 마음에 만족하게 하셨느니라 하고
18 이렇게 말하여 겨우 무리를 말려 자기들에게 제사를 못하게 하니라
19 유대인들이 안디옥과 이고니온에서 와서 무리를 충동하니 그들이 돌로 바울을 쳐서 죽은 줄로 알고 시외로 끌어 내치니라
20 제자들이 둘러섰을 때에 바울이 일어나 그 성에 들어갔다가 이튿날 바나바와 함께 더베로 가서
21 복음을 그 성에서 전하여 많은 사람을 제자로 삼고 루스드라와 이고니온과 안디옥으로 돌아가서
22 제자들의 마음을 굳게 하여 이 믿음에 머물러 있으라 권하고 또 우리가 하나님의 나라에 들어가려면 많은 환난을 겪어야 할 것이라 하고
23 각 교회에서 장로들을 택하여 금식 기도 하며 그들이 믿는 주께 그들을 위탁하고
24 비시디아 가운데로 지나서 밤빌리아에 이르러
25 말씀을 버가에서 전하고 앗달리아로 내려가서
26 거기서 배 타고 안디옥에 이르니 이 곳은 두 사도가 이룬 그 일을 위하여 전에 하나님의 은혜에 부탁하던 곳이라
27 그들이 이르러 교회를 모아 하나님이 함께 행하신 모든 일과 이방인들에게 믿음의 문을 여신 것을 보고하고
28 제자들과 함께 오래 있으니라

Chapter 13
Barnabas and Saul Are Chosen and Sent

1   The church at Antioch had several prophets and teachers. They were Barnabas, Simeon, also called Niger, Lucius from Cyrene, Manaen, who was Herod's r) close friend, and Saul.
2   While they were worshiping the Lord and going without eating, s) the Holy Spirit told them, "Appoint Barnabas and Saul to do the work for which I have chosen them."
3   Everyone prayed and went without eating for a while longer. Next, they placed their hands on Barnabas and Saul to show that they had been appointed to do this work. Then everyone sent them on their way.

Barnabas and Saul in Cyprus

4   After Barnabas and Saul had been sent by the Holy Spirit, they went to Seleucia. From there they sailed to the island of Cyprus.
5   They arrived at Salamis and began to preach God's message in the Jewish meeting places. They also had John t) as a helper.
6   Barnabas and Saul went all the way to the city of Paphos on the other end of the island, where they met a Jewish man named Bar-Jesus. He practiced witchcraft and was a false prophet.
7   He also worked for Sergius Paulus, who was very smart and was the governor of the island. Sergius Paulus wanted to hear God's message, and he sent for Barnabas and Saul.
8   But Bar-Jesus, whose other name was Elymas, was against them. He even tried to keep the governor from having faith in the Lord.
9   Then Saul, better known as Paul, was filled with the Holy Spirit. He looked straight at Elymas
10   and said, "You son of the devil! You are a liar, a crook, and an enemy of everything that is right. When will you stop speaking against the true ways of the Lord?
11   The Lord is going to punish you by making you completely blind for a while."
Suddenly the man's eyes were covered by a dark mist, and he went around trying to get someone to lead him by the hand.
12   When the governor saw what had happened, he was amazed at this teaching about the Lord. So he put his faith in the Lord.

Paul and Barnabas in Antioch of Pisidia

13   Paul and the others left Paphos and sailed to Perga in Pamphylia. But John t) left them and went back to Jerusalem.
14   The rest of them went on from Perga to Antioch in Pisidia. Then on the Sabbath they went to the Jewish meeting place and sat down.
15   After the reading of the Law and the Prophets, u) the leaders sent someone over to tell Paul and Barnabas, "Friends, if you have anything to say that will help the people, please say it."
16   Paul got up. He motioned with his hand and said: People of Israel, and everyone else who worships God, listen!
17   The God of Israel chose our ancestors, and he let our people prosper while they were living in Egypt. Then with his mighty power he led them out,
18   and for about forty years he took care of v) them in the desert.
19   He destroyed seven nations in the land of Canaan and gave their land to our people.
20   All this happened in about 450 years. Then God gave our people judges until the time of the prophet Samuel,
21   but the people demanded a king. So for forty years God gave them King Saul, the son of Kish from the tribe of Benjamin.
22   Later, God removed Saul and let David rule in his place. God said about him, "David the son of Jesse is the kind of person who pleases me most! He does everything I want him to do."
23   God promised that someone from David's family would come to save the people of Israel, and that one is Jesus.
24   But before Jesus came, John was telling everyone in Israel to turn back to God and be baptized.
25   Then, when John's work was almost done, he said, "Who do you people think I am? Do you think I am the Promised One? He will come later, and I am not good enough to untie his sandals."
26   Now listen, you descendants of Abraham! Pay attention, all of you Gentiles who are here to worship God! Listen to this message about how to be saved, because it is for everyone.
27   The people of Jerusalem and their leaders didn't realize who Jesus was. And they didn't understand the words of the prophets that they read each Sabbath. So they condemned Jesus just as the prophets had said.
28-29   They did exactly what the Scriptures said they would. Even though they couldn't find any reason to put Jesus to death, they still asked Pilate to have him killed. After Jesus had been put to death, he was taken down from the cross w) and placed in a tomb.
30   But God raised him from death!
31   Then for many days Jesus appeared to his followers who had gone with him from Galilee to Jerusalem. Now they are telling our people about him.
32   God made a promise to our ancestors. And we are here to tell you the good news
33   that he has kept this promise to us. It is just as the second Psalm says about Jesus, "You are my son because today I have become your Father."
34   God raised Jesus from death and will never let his body decay. It is just as God said, "I will make to you the same holy promise that I made to David."
35   And in another psalm it says, "God will never let the body of his Holy One decay."
36   When David was alive, he obeyed God. Then after he died, he was buried in the family grave, and his body decayed.
37   But God raised Jesus from death, and his body did not decay.
38   My friends, the message is that Jesus can forgive your sins! The Law of Moses could not set you free from all your sins.
39   But everyone who has faith in Jesus is set free.
40   Make sure that what the prophets have said doesn't happen to you. They said,
41   "Look, you people who make fun of God! Be amazed and disappear. I will do something today that you won't

18

believe, even if someone tells you about it!"

42   As Paul and Barnabas were leaving the meeting, the people begged them to say more about these same things on the next Sabbath.

43   After the service, many Jews and a lot of Gentiles who worshiped God went with them. Paul and Barnabas begged them all to remain faithful to God, who had been so kind to them.

44   The next Sabbath almost everyone in town came to hear the message about the Lord. x)

45   When the Jewish people saw the crowds, they were very jealous. They insulted Paul and spoke against everything he said.

46   But Paul and Barnabas bravely said: We had to tell God's message to you before we told it to anyone else. But you rejected the message! This proves that you don't deserve eternal life. Now we are going to the Gentiles.

47   The Lord has given us this command, "I have placed you here as a light for the Gentiles. You are to take the saving power of God to people everywhere on earth."

48   This message made the Gentiles glad, and they praised what they had heard about the Lord. x) Everyone who had been chosen for eternal life then put their faith in the Lord.

49   The message about the Lord spread all over that region.

50   But the Jewish leaders went to some of the important men in the town and to some respected women who were religious. They turned them against Paul and Barnabas and started making trouble for them. They even chased them out of that part of the country.

51   Paul and Barnabas shook the dust from that place off their feet y) and went on to the city of Iconium.

52   But the Lord's followers in Antioch were very happy and were filled with the Holy Spirit.

Chapter 14
Paul and Barnabas in Iconium

1   Paul and Barnabas spoke in the Jewish meeting place in Iconium, just as they had done at Antioch, and many Jews and Gentiles z) put their faith in the Lord.

2   But the Jews who did not have faith in him made the other Gentiles angry and turned them against the Lord's followers.

3   Paul and Barnabas stayed there for a while, having faith in the Lord and bravely speaking his message. The Lord gave them the power to work miracles and wonders, and he showed that their message about his great kindness was true.

4   The people of Iconium did not know what to think. Some of them believed the Jewish group, and others believed the apostles.

5   Finally, some Gentiles and Jews, together with their leaders, decided to make trouble for Paul and Barnabas and to stone them to death.

6-7   But when the two apostles found out what was happening, they escaped to the region of Lycaonia. They preached the good news there in the towns of Lystra and Derbe and in the nearby countryside.

Paul and Barnabas in Lystra

8   In Lystra there was a man who had been born with crippled feet and had never been able to walk.

9   The man was listening to Paul speak, when Paul saw that he had faith in Jesus and could be healed. So he looked straight at the man

10   and shouted, "Stand up!" The man jumped up and started walking around.

11   When the crowd saw what Paul had done, they yelled out in the language of Lycaonia, "The gods have turned into humans and have come down to us!"

12   The people then gave Barnabas the name Zeus, and they gave Paul the name Hermes, a) because he did the talking.

13   The temple of Zeus was near the entrance to the city. Its priest and the crowds wanted to offer a sacrifice to Barnabas and Paul. So the priest brought some bulls and flowers to the city gates.

14   When the two apostles found out about this, they tore their clothes in horror and ran to the crowd, shouting:

15   Why are you doing this? We are humans just like you. Please give up all this foolishness. Turn to the living God, who made the sky, the earth, the sea, and everything in them.

16   In times past, God let each nation go its own way.

17   But he showed that he was there by the good things he did. God sends rain from heaven and makes your crops grow. He gives food to you and makes your hearts glad.

18   Even after Paul and Barnabas had said all this, they could hardly keep the people from offering a sacrifice to them.

19   Some Jewish leaders from Antioch and Iconium came and turned the crowds against Paul. They hit him with stones and dragged him out of the city, thinking he was dead.

20   But when the Lord's followers gathered around Paul, he stood up and went back into the city. The next day he and Barnabas went to Derbe.

Paul and Barnabas Return to Antioch in Syria

21   Paul and Barnabas preached the good news in Derbe and won some people to the Lord. Then they went back to Lystra, Iconium, and Antioch in Pisidia.

22   They encouraged the followers and begged them to remain faithful. They told them, "We have to suffer a lot before we can get into God's kingdom."

23   Paul and Barnabas chose some leaders for each of the churches. Then they went without eating b) and prayed that the Lord would take good care of these leaders.

24   Paul and Barnabas went on through Pisidia to Pamphylia,

25   where they preached in the town of Perga. Then they went down to Attalia

26   and sailed to Antioch in Syria. It was there that they had been placed in God's care for the work they had now completed. c)

27   After arriving in Antioch, they called the church together. They told the people what God had helped them do and how he had made it possible for the Gentiles to believe.

28   Then they stayed there with the followers for a long time.

3

지도로 따라가는 사도 바울의 일생

Ⅰ.사울의 회심과 초기 활동
Ⅱ.바울의 1차 선교 여정
●┄▶ Ⅲ.바울의 2차 선교 여정
━━▶ Ⅳ.바울의 3차 선교 여정
Ⅴ.사도 바울의 로마행

바울의 2차 선교 여정

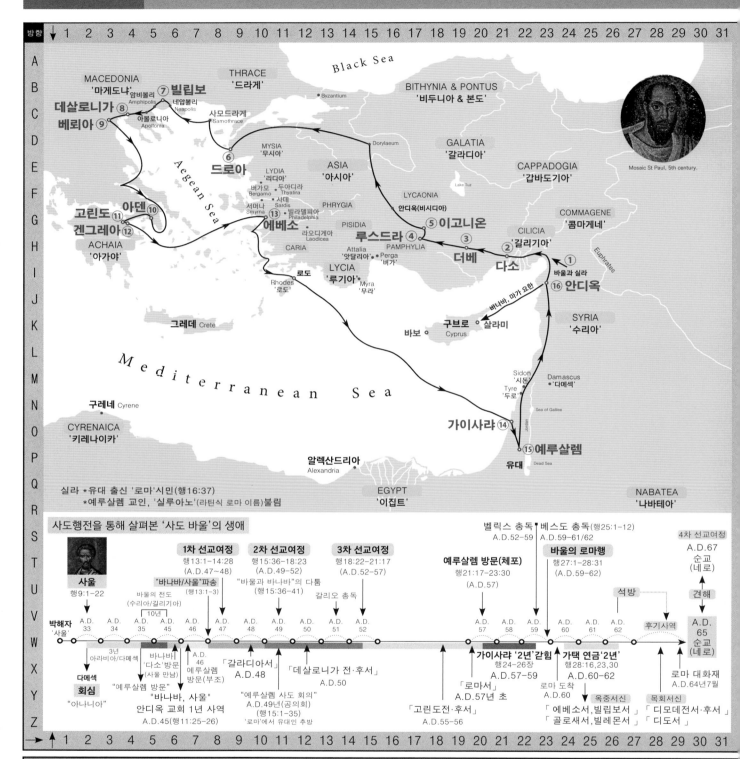

실라 *유대 출신 '로마'시민(행16:37)
*예루살렘 교인, '실루아노'(라틴식 로마 이름)불림

사도행전을 통해 살펴본 '사도 바울'의 생애

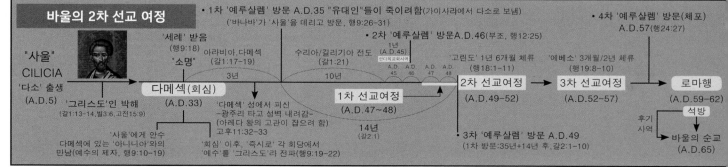

Timeline of the Apostle Paul BIBLE ATLAS

PAUL'S SECOND MISSIONARY JOURNEY

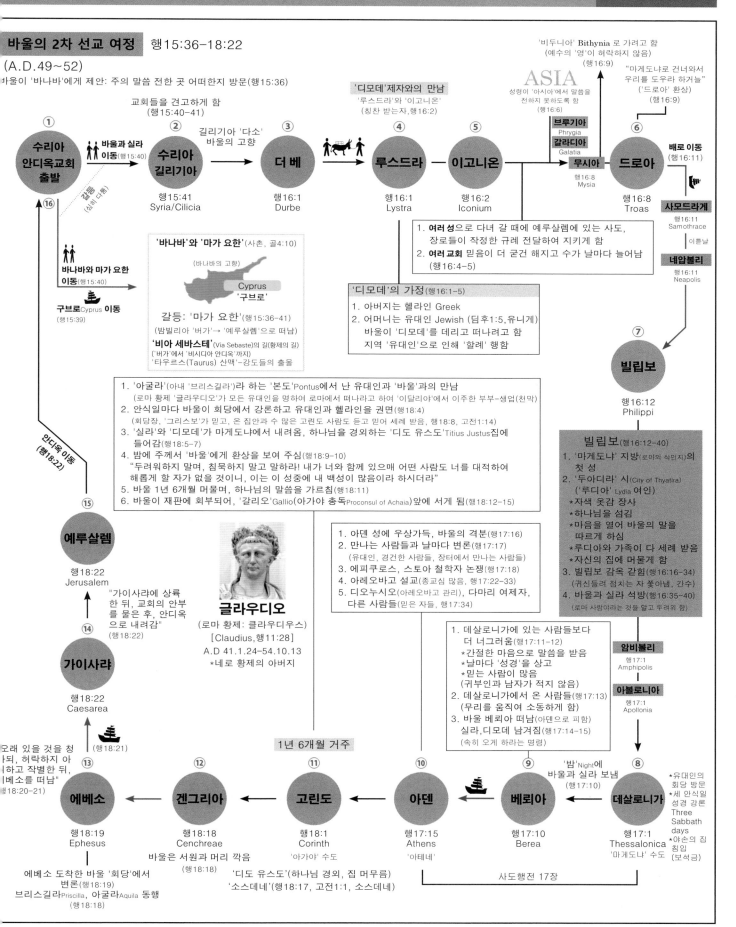

말씀 기록 노트

바울의 2차 선교 여정

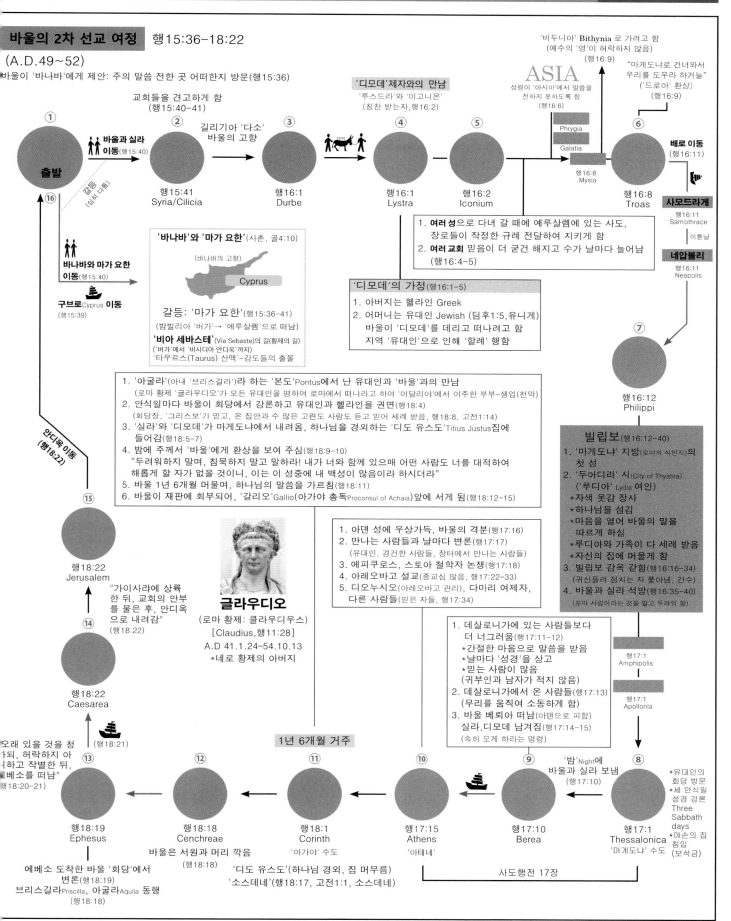

바울의 2차 선교 여정   행15:36-18:22

(A.D.49~52)

바울이 '바나바'에게 제안: 주의 말씀 전한 곳 어떠한지 방문(행15:36)

'비두니아' Bithynia 로 가려고 함
(예수의 '영'이 허락하지 않음)
(행16:9)

ASIA
성령이 '아시아'에서 말씀을
전하지 못하도록 함
(행16:6)

"마게도냐로 건너와서
우리를 도우라 하거늘"
('드로아' 환상)
(행16:9)

'디모데'제자와의 만남
'루스드라'와 '이고니온'
(칭찬 받는자,행16:2)

교회들을 견고하게 함
(행15:40-41)

길리기아 '다소'
바울의 고향

① 출발

바울과 실라
이동(행15:40)

② 행15:41
Syria/Cilicia

③ 행16:1
Durbe

④ 행16:1
Lystra

⑤ 행16:2
Iconium

Phrygia
Galatia

행16:8
Mysia

⑥ 행16:8
Troas

배로 이동
(행16:11)

사모드라게
행16:11
Samothrace

이튿날

네압볼리
행16:11
Neapolis

바나바와 마가 요한
이동(행15:40)

'바나바'와 '마가 요한'(사촌, 골4:10)
(바나바의 고향)
Cyprus

구브로 Cyprus 이동
(행15:39)

갈등: '마가 요한'(행15:36-41)
(밤빌리아 '버가'→ '예루살렘'으로 떠남)
'비아 세바스테'(Via Sebaste)의 길(황제의 길)
('버가'에서 '비시디아 안디옥'까지)
'타우르스(Taurus) 산맥'-강도들의 출몰

1. 여러 성으로 다녀 갈 때에 예루살렘에 있는 사도,
   장로들이 작정한 규례 전달하여 지키게 함
2. 여러 교회 믿음이 더 굳건 해지고 수가 날마다 늘어남
   (행16:4-5)

'디모데'의 가정(행16:1-5)
1. 아버지는 헬라인 Greek
2. 어머니는 유대인 Jewish (딤후1:5,유니게)
   바울이 '디모데'를 데리고 떠나려고 함
   지역 '유대인'으로 인해 '할례' 행함

⑦ 행16:12
Philippi

빌립보(행16:12-40)
1. '마게도냐' 지방(로마의 식민지)의
   첫 성
2. '두아디라' 시(City of Thyatira)
   ('루디아' Lydia 여인)
   *자색 옷감 장사
   *하나님을 섬김
   *마음을 열어 바울의 말을
    따르게 하심
   *루디아와 가족이 다 세례 받음
   *자신의 집에 머물게 함
3. 빌립보 감옥 갇힘(행16:16-34)
   (귀신들려 점치는 자 쫓아냄, 간수)
4. 바울과 실라 석방(행16:35-40)
   (로마 사람이라는 것을 알고 두려워 함)

1. '아굴라'(아내 '브리스길라')라 하는 '본도'Pontus에서 난 유대인과 '바울'과의 만남
   (로마 황제 '글라우디오'가 모든 유대인을 명하여 로마에서 떠나라고 하여 '이달리야'에서 이주한 부부-생업(천막)
2. 안식일마다 바울이 회당에서 강론하고 유대인과 헬라인을 권면(행18:4)
   (회당장 '그리스보'가 믿고, 온 집안과 수 많은 고린도 사람도 듣고 믿어 세례 받음, 행18:8, 고전1:14)
3. '실라'와 '디모데'가 마게도냐에서 내려옴, 하나님을 경외하는 '디도 유스도'Titius Justus집에
   들어감(행18:5-7)
4. 밤에 주께서 '바울'에게 환상을 보여 주심(행18:9-10)
   "두려워하지 말며, 침묵하지 말고 말하라! 내가 너와 함께 있으매 어떤 사람도 너를 대적하여
   해롭게 할 자가 없을 것이니, 이는 이 성중에 내 백성이 많음이라 하시더라"
5. 바울 1년 6개월 머물며, 하나님의 말씀을 가르침(행18:11)
6. 바울이 재판에 회부되어, '갈리오'Gallio(아가야 총독Proconsul of Achaia)앞에 서게 됨(행18:12-15)

안디옥 이동
(행18:22)

⑯

⑮ 행18:22
Jerusalem

글라우디오
(로마 황제: 클라우디우스)
[Claudius,행11:28]
A.D 41.1.24-54.10.13
*네로 황제의 아버지

1. 아덴 성에 우상가득, 바울의 격분(행17:16)
2. 만나는 사람들과 날마다 변론(행17:17)
   (유대인, 경건한 사람들, 장터에서 만나는 사람들)
3. 에피쿠로스, 스토아 철학자 논쟁(행17:18)
4. 아레오바고 설교(종교심 많음, 행17:22-33)
5. 디오누시오(아레오바고 관리), 다마리 여제자,
   다른 사람들(믿은 자들, 행17:34)

"가이사랴에 상륙
한 뒤, 교회의 안부
를 물은 후, 안디옥
으로 내려감"
(행18:22)

1. 데살로니가에 있는 사람들보다
   더 너그러움(행17:11-12)
   *간절한 마음으로 말씀을 받음
   *날마다 '성경'을 상고
   *믿는 사람이 많음
   (귀부인과 남자가 적지 않음)
2. 데살로니가에서 온 사람들(행17:13)
   (무리를 움직여 소동하게 함)
3. 바울 베뢰아 떠남(아덴으로 피함)
   실라,디모데 남겨짐(행17:14-15)
   (속히 오게 하라는 명령)

행17:1
Amphipolis

행17:1
Apollonia

⑭ 행18:22
Caesarea

(행18:21)

오래 있을 것을 청
하되, 허락하지 아
니하고 작별한 뒤,
에베소를 떠남"
행18:20-21)

1년 6개월 거주

⑬ 행18:19
Ephesus

⑫ 행18:18
Cenchreae
바울은 서원과 머리 깎음
(행18:18)

⑪ 행18:1
Corinth
'아가야' 수도

⑩ 행17:15
Athens
'아테네'

⑨ 행17:10
Berea

'밤'Night에
바울과 실라 보냄
(행17:10)

⑧ 행17:1
Thessalonica
'마게도냐' 수도

*유대인의
회당 방문
*세 안식일
성경 강론
Three
Sabbath
days
*야손의 집
침입
(보석금)

사도행전 17장

에베소 도착한 바울 '회당'에서
변론(행18:19)
브리스길라Priscilla, 아굴라Aquila 동행
(행18:18)

'디도 유스도'(하나님 경외, 집 머무름)
'소스데네'(행18:17, 고전1:1, 소스데네)

23

3 본문 말씀 읽기
【행15:36-18:22】

제 15 장

36 며칠 후에 바울이 바나바더러 말하되 우리가 주의 말씀을 전한 각 성으로 다시 가서 형제들이 어떠한가 방문하자 하고
37 바나바는 마가라 하는 요한도 데리고 가고자 하나
38 바울은 밤빌리아에서 자기들을 떠나 함께 일하러 가지 아니한 자를 데리고 가는 것이 옳지 않다 하여
39 서로 심히 다투어 피차 갈라서니 바나바는 마가를 데리고 배 타고 구브로로 가고
40 바울은 실라를 택한 후에 형제들에게 주의 은혜에 부탁함을 받고 떠나
41 수리아와 길리기아로 다니며 교회들을 견고하게 하니라

제 16 장
바울이 디모데를 데리고 가다

1 바울이 더베와 루스드라에도 이르매 거기 디모데라 하는 제자가 있으니 그 어머니는 믿는 유대 여자요 아버지는 헬라인이라
2 디모데는 루스드라와 이고니온에 있는 형제들에게 칭찬 받는 자니
3 바울이 그를 데리고 떠나고자 할새 그 지역에 있는 유대인으로 말미암아 그를 데려다가 할례를 행하니 이는 그 사람들이 그의 아버지는 헬라인인 줄 다 앎이러라
4 여러 성으로 다녀 갈 때에 예루살렘에 있는 사도와 장로들이 작정한 규례를 그들에게 주어 지키게 하니
5 이에 여러 교회가 믿음이 더 굳건해지고 수가 날마다 늘어 가니라

바울이 환상을 보다

6 성령이 아시아에서 말씀을 전하지 못하게 하시거늘 그들이 브루기아와 갈라디아 땅으로 다녀가
7 무시아 앞에 이르러 비두니아로 가고자 애쓰되 예수의 영이 허락하지 아니하시는지라
8 무시아를 지나 드로아로 내려갔는데
9 밤에 환상이 바울에게 보이니 마게도냐 사람 하나가 서서 그에게 청하여 이르되 마게도냐로 건너와서 우리를 도우라 하거늘
10 바울이 그 환상을 보았을 때 우리가 곧 마게도냐로 떠나기를 힘쓰니 이는 하나님이 저 사람들에게 복음을 전하라고 우리를 부르신 줄로 인정함이러라

루디아가 믿다

11 우리가 드로아에서 배로 떠나 사모드라게로 직행하여 이튿날 네압볼리로 가고
12 거기서 빌립보에 이르니 이는 마게도냐 지방의 1)첫 성이요 또 로마의 식민지라 이 성에서 수일을 유하다가
13 안식일에 우리가 기도할 곳이 있을까 하여 문 밖 강가에 나가 거기 앉아서 모인 여자들에게 말하는데
14 두아디라 시에 있는 자색 옷감 장사로서 하나님을 섬기는 루디아라 하는 한 여자가 말을 듣고 있을 때 주께서 그 마음을 열어 바울의 말을 따르게 하신지라
15 그와 그 집이 다 2)세례를 받고 우리에게 청하여 이르되 만일 나를 주 믿는 자로 알거든 내 집에 들어와 유하라 하고 강권하여 머물게 하니라

바울과 실라가 갇히다

16 우리가 기도하는 곳에 가다가 점치는 귀신 들린 여종 하나를 만나니 점으로 그 주인들에게 큰 이익을 주는 자라
17 그가 바울과 우리를 따라와 소리 질러 이르되 이 사람들은 지극히 높은 하나님의 종으로서 구원의 길을 너희에게 전하는 자라 하며
18 이같이 여러 날을 하는지라 바울이 심히 괴로워하여 돌이켜 그 귀신에게 이르되 예수 그리스도의 이름으로 내가 네게 명하노니 그에게서 나오라 하니 귀신이 즉시 나오니라
19 여종의 주인들은 자기 수익의 소망이 끊어진 것을 보고 바울과 실라를 붙잡아 장터로 관리들에게 끌어 갔다가
20 상관들 앞에 데리고 가서 말하되 이 사람들이 유대인인데 우리 성을 심히 요란하게 하여
21 로마 사람인 우리가 받지도 못하고 행하지도 못할 풍속을 전한다 하거늘
22 무리가 일제히 일어나 고발하니 상관들이 옷을 찢어 벗기고 매로 치라 하여
23 많이 친 후에 옥에 가두고 간수에게 명하여 든든히 지키라 하니
24 그가 이러한 명령을 받아 그들을 깊은 옥에 가두고 그 발을 차꼬에 든든히 채웠더니
25 한밤중에 바울과 실라가 기도하고 하나님을 찬송하매 죄수들이 듣더라
26 이에 갑자기 큰 지진이 나서 옥터가 움직이고 문이 곧 다 열리며 모든 사람의 매인 것이 다 벗어진지라
27 간수가 자다가 깨어 옥문들이 열린 것을 보고 죄수들이 도망한 줄 생각하고 칼을 빼어 자결하려 하거늘
28 바울이 크게 소리 질러 이르되 네 몸을 상하지 말라 우리가 다 여기 있노라 하니
29 간수가 등불을 달라고 하며 뛰어 들어가 무서워 떨며 바울과 실라 앞에 엎드리고
30 그들을 데리고 나가 이르되 선생들이여 내가 어떻게 하여야 구원을 받으리이까 하거늘
31 이르되 주 예수를 믿으라 그리하면 너와 네 집이 구원을 받으리라 하고
32 주의 말씀을 그 사람과 그 집에 있는 모든 사람에게 전하더라
33 그 밤 그 시각에 간수가 그들을 데려다가 그 맞은 자리를 씻어 주고 자기와 그 온 가족이 다 2)세례를 받은 후
34 그들을 데리고 자기 집에 올라가서 음식을 차려 주고 그와 온 집안이 하나님을 믿으므로 크게 기뻐하니라
35 날이 새매 상관들이 부하를 보내어 이 사람들을 놓으라 하니
36 간수가 그 말대로 바울에게 말하되 상관들이 사람을 보내어 너희를 놓으라 하였으니 이제는 나가서 평안히 가라 하거늘
37 바울이 이르되 로마 사람인 우리를 죄도 정하지 아니하고 공중 앞에서 때리고 옥에 가두었다가 이제는 가만히 내보내고자 하느냐 아니라 그들이 친히 와서 우리를 데리고 나가야 하리라 한대
38 부하들이 이 말을 상관들에게 보고하니 그들이 로마 사람이라 하는 말을 듣고 두려워하여
39 와서 권하여 데리고 나가 그 성에서 떠나기를 청하니
40 두 사람이 옥에서 나와 루디아의 집에 들어가서 형제들을 만나 보고 3)위로하고 가니라

제 17 장
바울이 데살로니가에서 전도하다

1 그들이 암비볼리와 아볼로니아로 다녀가 데살로니가에 이르니 거기 유대인의 회당이 있는지라
2 바울이 자기의 관례대로 그들에게로 들어가서 세 안식일에 성경을 가지고 강론하며
3 뜻을 풀어 그리스도가 해를 받고 죽은 자 가운데서 다시 살아나야 할 것을 증언하고 이르되 내가 너희에게 전하는 이 예수가 곧 그리스도라 하니
4 그 중의 어떤 사람 곧 경건한 헬라인의 큰 무리와 적지 않은 귀부인도 권함을 받고 바울과 실라를 따르나
5 그러나 유대인들은 시기하여 저자의 어떤 불량한 사람들을 데리고 떼를 지어 성을 소동하게 하여 야손의 집에 침입하여 그

PAUL'S SECOND MISSIONARY JOURNEY

들을 백성에게 끌어내려고 찾았으나
6 발견하지 못하매 야손과 몇 형제들을 끌고 읍장들 앞에 가서 소리 질러 이르되 천하를 어지럽게 하던 이 사람들이 여기도 이르매
7 야손이 그들을 맞아 들였도다 이 사람들이 다 가이사의 명을 거역하여 말하되 다른 임금 곧 예수라 하는 이가 있다 하더이다 하니
8 무리와 읍장들이 이 말을 듣고 소동하여
9 야손과 그 나머지 사람들에게 보석금을 받고 놓아 주니라

베뢰아 사람들이 말씀을 받다
10 밤에 형제들이 곧 바울과 실라를 베뢰아로 보내니 그들이 이르러 유대인의 회당에 들어가니라
11 베뢰아에 있는 사람들은 데살로니가에 있는 사람들보다 더 너그러워서 간절한 마음으로 말씀을 받고 이것이 그러한가 하여 날마다 성경을 상고하므로
12 그 중에 믿는 사람이 많고 또 헬라의 귀부인과 남자가 적지 아니하나
13 데살로니가에 있는 유대인들은 바울이 하나님의 말씀을 베뢰아에서도 전하는 줄을 알고 거기도 가서 무리를 움직여 소동하게 하거늘
14 형제들이 곧 바울을 내보내어 바다까지 가게 하되 실라와 디모데는 아직 거기 머물더라
15 바울을 인도하는 사람들이 그를 데리고 아덴까지 이르러 그에게서 실라와 디모데를 자기에게로 속히 오게 하라는 명령을 받고 떠나니라

바울이 아덴에서 전도하다
16 바울이 아덴에서 그들을 기다리다가 그 성에 우상이 가득한 것을 보고 마음에 격분하여
17 회당에서는 유대인과 경건한 사람들과 또 장터에서는 날마다 만나는 사람들과 변론하니
18 어떤 에피쿠로스와 스토아 철학자들도 바울과 쟁론할새 어떤 사람은 이르되 이 말쟁이가 무슨 말을 하고자 하느냐 하고 어떤 사람은 이르되 이방 신들을 전하는 사람인가보다 하니 이는 바울이 예수와 부활을 전하기 때문이러라
19 그를 붙들어 아레오바고로 가며 말하기를 네가 말하는 이 새로운 가르침이 무엇인지 우리가 알 수 있겠느냐
20 네가 어떤 이상한 것을 우리 귀에 들려 주니 그 무슨 뜻인지 알고자 하노라 하니
21 모든 아덴 사람과 거기서 나그네 된 외국인들이 가장 새로운 것을 말하고 듣는 것 이외에는 달리 시간을 쓰지 않음이더라
22 바울이 아레오바고 가운데 서서 말하되 아덴 사람들아 너희를 보니 범사에 종교심이 많도다
23 내가 두루 다니며 너희가 위하는 것들을 보다가 알지 못하는 신에게라고 새긴 단도 보았으니 그런즉 너희가 알지 못하고 위하는 그것을 내가 너희에게 알게 하리라
24 우주와 그 가운데 있는 만물을 지으신 하나님께서는 천지의 주재시니 손으로 지은 전에 계시지 아니하시고
25 또 무엇이 부족한 것처럼 사람의 손으로 섬김을 받으시는 것이 아니니 이는 만민에게 생명과 호흡과 만물을 친히 주시는 이심이라
26 인류의 모든 족속을 한 혈통으로 만드사 온 땅에 살게 하시고 그들의 연대를 정하시며 거주의 경계를 한정하셨으니
27 이는 사람으로 혹 1)하나님을 더듬어 찾아 발견하게 하려 하심이로되 그는 우리 각 사람에게서 멀리 계시지 아니하도다
28 우리가 그를 힘입어 살며 기동하며 존재하느니라 너희 시인 중 어떤 사람들의 말과 같이 우리가 그의 소생이라 하니
29 이와 같이 하나님의 소생이 되었은즉 하나님을 금이나 은이나 돌에다 사람의 기술과 고안으로 새긴 것들과 같이 여길 것이 아니니라
30 알지 못하던 시대에는 하나님이 간과하셨거니와 이제는 어

디든지 사람에게 다 명하사 회개하라 하셨으니
31 이는 정하신 사람으로 하여금 천하를 공의로 심판할 날을 작정하시고 이에 그를 죽은 자 가운데서 다시 살리신 것으로 모든 사람에게 믿을 만한 증거를 주셨음이니라 하니라
32 그들이 죽은 자의 부활을 듣고 어떤 사람은 조롱도 하고 어떤 사람은 이 일에 대하여 네 말을 다시 듣겠다 하니
33 이에 바울이 그들 가운데서 떠나매
34 몇 사람이 그를 가까이하여 믿으니 그 중에는 아레오바고 관리 디오누시오와 다마리라 하는 여자와 또 다른 사람들도 있었더라

제 18 장
바울이 고린도에서 전도하다
1 그 후에 바울이 아덴을 떠나 고린도에 이르러
2 아굴라라 하는 본도에서 난 유대인 한 사람을 만나니 글라우디오가 모든 유대인을 명하여 로마에서 떠나라 한 고로 그가 그 아내 브리스길라와 함께 이달리야로부터 새로 온지라 바울이 그들에게 가매
3 생업이 같으므로 함께 살며 일을 하니 그 생업은 천막을 만드는 것이더라
4 안식일마다 바울이 회당에서 강론하고 유대인과 헬라인을 권면하니라
5 실라와 디모데가 마게도냐로부터 내려오매 바울이 하나님의 말씀에 붙잡혀 유대인들에게 예수는 그리스도라 밝히 증언하니
6 그들이 대적하여 비방하거늘 바울이 옷을 털면서 이르되 너희 피가 너희 머리로 돌아갈 것이요 나는 깨끗하니라 이 후에는 이방인에게로 가리라 하고
7 거기서 옮겨 하나님을 경외하는 디도 유스도라 하는 사람의 집에 들어가니 그 집은 회당 옆이라
8 또 회당장 그리스보가 온 집안과 더불어 주를 믿으며 수많은 고린도 사람도 듣고 믿어 1)세례를 받더라
9 밤에 주께서 환상 가운데 바울에게 말씀하시되 두려워하지 말며 침묵하지 말고 말하라
10 내가 너와 함께 있으매 어떤 사람도 너를 대적하여 해롭게 할 자가 없을 것이니 이는 이 성중에 내 백성이 많음이라 하시더라
11 일 년 육 개월을 머물며 그들 가운데서 하나님의 말씀을 가르치니라
12 갈리오가 아가야 총독 되었을 때에 유대인이 일제히 일어나 바울을 대적하여 법정으로 데리고 가서
13 말하되 이 사람이 율법을 어기면서 하나님을 경외하라고 사람들을 권한다 하거늘
14 바울이 입을 열고자 할 때에 갈리오가 유대인들에게 이르되 너희 유대인들아 만일 이것이 무슨 부정한 일이나 불량한 행동이었으면 내가 너희 말을 들어 주는 것이 옳거니와
15 만일 문제가 언어와 명칭과 너희 법에 관한 것이면 너희가 스스로 처리하라 나는 이러한 일에 재판장 되기를 원하지 아니하노라 하고
16 그들을 법정에서 쫓아내니
17 모든 사람이 회당장 소스데네를 잡아 법정 앞에서 때리되 갈리오가 이 일을 상관하지 아니하니라

바울이 안디옥으로 내려가다
18 바울은 더 여러 날 머물다가 형제들과 작별하고 배 타고 수리아로 떠나갈새 브리스길라와 아굴라도 함께 하더라 바울이 일찍이 서원이 있었으므로 겐그레아에서 머리를 깎았더라
19 에베소에 와서 그들을 거기 머물게 하고 자기는 회당에 들어가서 유대인들과 변론하니
20 여러 사람이 더 오래 있기를 청하되 허락하지 아니하고
21 작별하여 이르되 만일 하나님의 뜻이면 너희에게 돌아오리라 하고 배를 타고 에베소를 떠나
22 가이사랴에 상륙하여 올라가 교회의 안부를 물은 후에 안디옥으로 내려가서

3 본문 말씀 읽기
【행15:40-18:23】

Chapter 15
40   but Paul took Silas and left after the followers had placed them in God's care.
41   They traveled through Syria and Cilicia, encouraging the churches. Timothy Works with Paul and Silas

Chapter 16
Timothy Works with Paul and Silas
1   Paul and Silas went back to Derbe and Lystra, where there was a follower named Timothy. His mother was also a follower. She was Jewish, and his father was Greek.
2   The Lord's followers in Lystra and Iconium said good things about Timothy,
3   and Paul wanted him to go with them. But Paul first had him circumcised, because all the Jewish people around there knew that Timothy's father was Greek. i)
4   As Paul and the others went from city to city, they told the followers what the apostles and leaders in Jerusalem had decided, and they urged them to follow these instructions.
5   The churches became stronger in their faith, and each day more people put their faith in the Lord.

Paul's Vision in Troas
6   Paul and his friends went through Phrygia and Galatia, but the Holy Spirit would not let them preach in Asia.
7   After they arrived in Mysia, they tried to go into Bithynia, but the Spirit of Jesus would not let them.
8   So they went on through j) Mysia until they came to Troas.
9   During the night, Paul had a vision of someone from Macedonia who was standing there and begging him, "Come over to Macedonia and help us!"
10   After Paul had seen the vision, we began looking for a way to go to Macedonia. We were sure that God had called us to preach the good news there.

Lydia Becomes a Follower of the Lord
11   We sailed straight from Troas to Samothrace, and the next day we arrived in Neapolis.
12   From there we went to Philippi, which is a Roman colony in the first district of Macedonia. k) We spent several days in Philippi.
13   Then on the Sabbath we went outside the city gate to a place by the river, where we thought there would be a Jewish meeting place for prayer. We sat down and talked with the women who came.
14   One of them was Lydia, who was from the city of Thyatira and sold expensive purple cloth. She was a worshiper of the Lord God, and he made her willing to accept what Paul was saying.
15   Then after she and her family were baptized, she kept on begging us, "If you think I really do have faith in the Lord, come stay in my home." Finally, we accepted her invitation.

Paul and Silas Are Put in Jail
16   One day on our way to the place of prayer, we were met by a slave girl. She had a spirit in her that gave her the power to tell the future. By doing this she made a lot of money for her owners.
17   The girl followed Paul and the rest of us and kept yelling, "These men are servants of the Most High God! They are telling you how to be saved."
18   This went on for several days. Finally, Paul got so upset that he turned and said to the spirit, "In the name of Jesus Christ, I order you to leave this girl alone!" At once the evil spirit left her.
19   When the girl's owners realized that they had lost all chances for making more money, they grabbed Paul and Silas and dragged them into court.
20   They told the officials, "These Jews are upsetting our city!
21   They are telling us to do things we Romans are not allowed to do."
22   The crowd joined in the attack on Paul and Silas. Then the officials tore the clothes off the two men and ordered them to be beaten with a whip.
23   After they had been badly beaten, they were put in jail, and the jailer was told to guard them carefully.
24   The jailer did as he was told. He put them deep inside the jail and chained their feet to heavy blocks of wood.
25   About midnight Paul and Silas were praying and singing praises to God, while the other prisoners listened.
26   Suddenly a strong earthquake shook the jail to its foundations. The doors opened, and the chains fell from all the prisoners.
27   When the jailer woke up and saw that the doors were open, he thought that the prisoners had escaped. He pulled out his sword and was about to kill himself.
28   But Paul shouted, "Don't harm yourself! No one has escaped."
29   The jailer asked for a torch and went into the jail. He was shaking all over as he knelt down in front of Paul and Silas.
30   After he had led them out of the jail, he asked, "What must I do to be saved?"
31   They replied, "Have faith in the Lord Jesus and you will be saved! This is also true for everyone who lives in your home."
32   Then Paul and Silas told him and everyone else in his house about the Lord.
33   While it was still night, the jailer took them to a place where he could wash their cuts and bruises. Then he and everyone in his home were baptized.
34   They were very glad that they had put their faith in God. After this, the jailer took Paul and Silas to his home and gave them something to eat.
35   The next morning the officials sent some police with orders for the jailer to let Paul and Silas go.
36   The jailer told Paul, "The officials have ordered me to set you free. Now you can leave in peace."
37   But Paul told the police, "We are Roman citizens, l) and the Roman officials had us beaten in public without giving us a trial. They threw us into jail. Now do they think they can secretly send us away? No, they cannot! They will have to come here themselves and let us out."
38   When the police told the officials that Paul and Silas were Roman citizens, the officials were afraid.
39   So they came and apologized. They led them out of the jail and asked them to please leave town.
40   But Paul and Silas went straight to the home of Lydia, where they saw the Lord's followers and encouraged them. Then they left.

Chapter 17
Trouble in Thessalonica
1   After Paul and his friends had traveled through Amphipolis and Apollonia, they went on to Thessalonica. A Jewish meeting place was in that city.
2   So as usual, Paul went there to worship, and on three Sabbaths he spoke to the people. He used the Scriptures
3   to show them that the Messiah had to suffer, but that he would rise from death. Paul also told them that Jesus is the Messiah he was preaching about.
4   Some of them believed what Paul had said, and they became followers with Paul and Silas. Some Gentiles m) and many important women also believed the message.
5   The Jewish leaders were jealous and got some worthless bums who hung around the marketplace to start a riot in the city. They wanted to drag Paul and Silas out to the mob, and so they went straight to Jason's home.
6   But when they did not find them there, they dragged out Jason and some of the Lord's followers. They took them to the city au-

thorities and shouted, "Paul and Silas have been upsetting things everywhere. Now they have come here,

7   and Jason has welcomed them into his home. All of them break the laws of the Roman Emperor by claiming that someone named Jesus is king."

8   The officials and the people were upset when they heard this.

9   So they made Jason and the other followers pay bail before letting them go.

People in Berea Welcome the Message

10   That same night the Lord's followers sent Paul and Silas on to Berea, and after they arrived, they went to the Jewish meeting place.

11   The people in Berea were much nicer than those in Thessalonica, and they gladly accepted the message. Day after day they studied the Scriptures to see if these things were true.

12   Many of them put their faith in the Lord, including some important Greek women and several men.

13   When the Jewish leaders in Thessalonica heard that Paul had been preaching God's message in Berea, they went there and caused trouble by turning the crowds against Paul.

14   Right away the followers sent Paul down to the coast, but Silas and Timothy stayed in Berea.

15   Some men went with Paul as far as Athens, and then returned with instructions for Silas and Timothy to join him as soon as possible.

Paul in Athens

16   While Paul was waiting in Athens, he was upset to see all the idols in the city.

17   He went to the Jewish meeting place to speak to the Jews and to anyone who worshiped with them. Day after day he also spoke to everyone he met in the market.

18   Some of them were Epicureans n) and some were Stoics, o) and they started arguing with him.

People were asking, "What is this know–it–all trying to say?"

Some even said, "Paul must be preaching about foreign gods! That's what he means when he talks about Jesus and about people rising from death." p)

19   They brought Paul before a council called the Areopagus, and said, "Tell us what your new teaching is all about.

20   We have heard you say some strange things, and we want to know what you mean."

21   More than anything else the people of Athens and the foreigners living there loved to hear and to talk about anything new.

22   So Paul stood up in front of the council and said: People of Athens, I see that you are very religious.

23   As I was going through your city and looking at the things you worship, I found an altar with the words, "To an Unknown God." You worship this God, but you don't really know him. So I want to tell you about him.

24   This God made the world and everything in it. He is Lord of heaven and earth, and he doesn't live in temples built by human hands.

25   He doesn't need help from anyone. He gives life, breath, and everything else to all people.

26   From one person God made all nations who live on earth, and he decided when and where every nation would be.

27   God has done all this, so that we will look for him and reach out and find him. He isn't far from any of us,

28   and he gives us the power to live, to move, and to be who we are. "We are his children," just as some of your poets have said.

29   Since we are God's children, we must not think that he is like an idol made out of gold or silver or stone. He isn't like anything that humans have thought up and made.

30   In the past, God forgave all this because people did not know what they were doing. But now he says that everyone everywhere must turn to him.

31   He has set a day when he will judge the world's people with fairness. And he has chosen the man Jesus to do the judging for

him. God has given proof of this to all of us by raising Jesus from death.

32   As soon as the people heard Paul say that a man had been raised from death, some of them started laughing. Others said, "We will hear you talk about this some other time."

33   When Paul left the council meeting,

34   some of the men put their faith in the Lord and went with Paul. One of them was a council member named Dionysius. A woman named Damaris and several others also put their faith in the Lord.

Chapter 18
Paul in Corinth

1   Paul left Athens and went to Corinth,

2   where he met Aquila, a Jewish man from Pontus. Not long before this, Aquila had come from Italy with his wife Priscilla, because Emperor Claudius had ordered the Jewish people to leave Rome. q) Paul went to see Aquila and Priscilla

3   and found out that they were tent makers. Paul was a tent maker too. So he stayed with them, and they worked together.

4   Every Sabbath, Paul went to the Jewish meeting place. He spoke to Jews and Gentiles r) and tried to win them over.

5   But after Silas and Timothy came from Macedonia, he spent all his time preaching to the Jews about Jesus the Messiah.

6   Finally, they turned against him and insulted him. So he shook the dust from his clothes s) and told them, "Whatever happens to you will be your own fault! I am not to blame. From now on I am going to preach to the Gentiles."

7   Paul then moved into the house of a man named Titius Justus, who worshiped God and lived next door to the Jewish meeting place.

8   Crispus was the leader of the meeting place. He and everyone in his family put their faith in the Lord. Many others in Corinth also heard the message, and all the people who had faith in the Lord were baptized.

9   One night, Paul had a vision, and in it the Lord said, "Don't be afraid to keep on preaching. Don't stop!

10   I am with you, and you won't be harmed. Many people in this city belong to me."

11   Paul stayed on in Corinth for a year and a half, teaching God's message to the people.

12   While Gallio was governor of Achaia, some of the Jewish leaders got together and grabbed Paul. They brought him into court

13   and said, "This man is trying to make our people worship God in a way that is against our Law!"

14   Even before Paul could speak, Gallio said, "If you were charging this man with a crime or some other wrong, I would have to listen to you.

15   But since this concerns only words, names, and your own law, you will have to take care of it. I refuse to judge such matters."

16   Then he sent them out of the court.

17   The crowd grabbed Sosthenes, the Jewish leader, and beat him up in front of the court. But none of this mattered to Gallio.

Paul Returns to Antioch in Syria

18   After Paul had stayed for a while with the Lord's followers in Corinth, he told them good–by and sailed on to Syria with Aquila and Priscilla. But before he left, he had his head shaved t) at Cenchreae because he had made a promise to God.

19   The three of them arrived in Ephesus, where Paul left Priscilla and Aquila. He then went into the Jewish meeting place to talk with the people there.

20   They asked him to stay longer, but he refused.

21   He told them good–by and said, "If God lets me, I will come back."

22   Paul sailed to Caesarea, where he greeted the church. Then he went on to Antioch.

23   After staying there for a while, he left and visited several places in Galatia and Phrygia. He helped the followers there to become stronger in their faith.

4
지도로 따라가는 사도 바울의 일생

Ⅰ.사울의 회심과 초기 활동
Ⅱ.바울의 1차 선교 여정
Ⅲ.바울의 2차 선교 여정
●···▶ Ⅳ.바울의 3차 선교 여정
Ⅴ.사도 바울의 로마행

바울의 3차 선교 여정

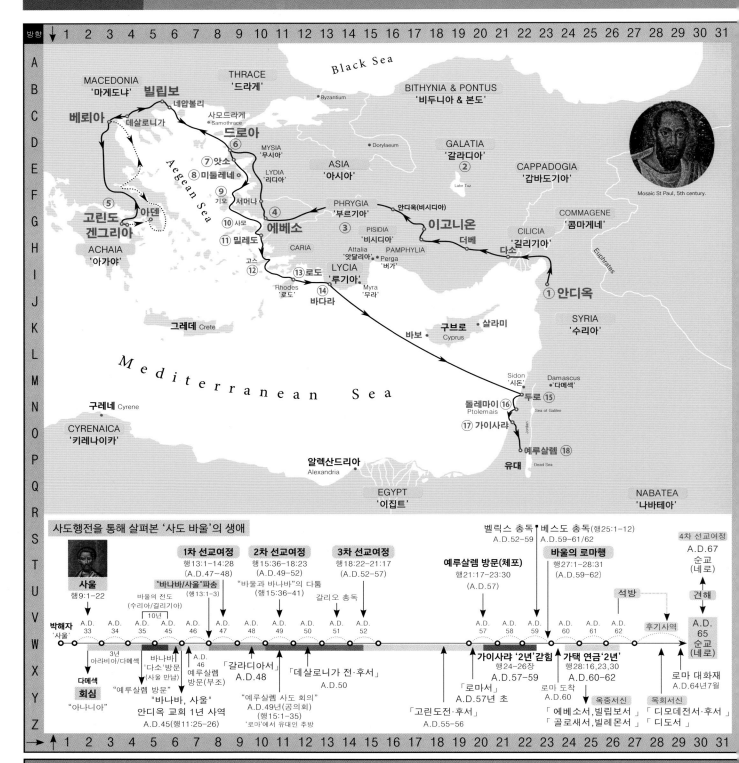

방향
1 2 3 4 5 6 7 8 9 10 11 12 13 14 15 16 17 18 19 20 21 22 23 24 25 26 27 28 29 30 31

A
B
C
D
E
F
G
H
I
J
K
L
M
N
O
P
Q
R

Black Sea

MACEDONIA '마게도냐'   빌립보
베뢰아   데살로니가   네압볼리
THRACE '드라게'
Byzantium
Samothrace 사모드라게
드로아 ⑥
MYSIA '무시아'
앗소 ⑦
미둘레네 ⑧
기오 ⑨
서머나
사모 ⑩
에베소 ④
밀레도 ⑪
Dorylaeum
ASIA '아시아'
PHRYGIA '부르기아'
안디옥(비시디아)
GALATIA '갈라디아' ②
Lake Tuz
CAPPADOCIA '갑바도기아'
③
PISIDIA '비시디아'
이고니온
더베
COMMAGENE '콤마게네'
CILICIA '길리기아'
다소
고스
고린도   겐그리아
아덴 ⑤
Aegean Sea
CARIA
로도 ⑬
Rhodes '로도'
LYCIA '루기아'
바다라 ⑭
Myra '무라'
Attalia '앗달리아'   Perga '버가'
PAMPHYLIA
안디옥 ①
Euphrates
SYRIA '수리아'
ACHAIA '아가야'
⑫
Mediterranean Sea
그레데 Crete
구레네 Cyrene
CYRENAICA '키레나이카'
바보   구브로 • 살라미 Cyprus
Sidon '시돈'   Damascus '다메섹'
돌레마이 ⑯ Ptolemais   두로 ⑮
가이사랴 ⑰   Sea of Galilee
예루살렘 ⑱   유대   Dead Sea
Jordan
알렉산드리아 Alexandria
EGYPT '이집트'
NABATEA '나바테아'

Mosaic St Paul, 5th century.

사도행전을 통해 살펴본 '사도 바울'의 생애

사울 행9:1-22

박해자 '사울'

1차 선교여정 행13:1~14:28 (A.D.47~48)

2차 선교여정 행15:36~18:23 (A.D.49~52)

3차 선교여정 행18:22-21:17 (A.D.52-57)

예루살렘 방문(체포) 행21:17-23:30 (A.D.57)

벨릭스 총독 A.D.52-59   베스도 총독(행25:1-12) A.D.59-61/62

바울의 로마행 행27:1-28:31 (A.D.59-62)

4차 선교여정 A.D.67 순교 (네로)

"바나바/사울"파송 (행13:1-3)
바울의 전도 (수리아/길리기아) 10년

"바울과 바나바"의 다툼 (행15:36-41)

갈리오 총독

A.D. 33 A.D. 34 A.D. 35 A.D. 45 A.D. 46 A.D. 47 A.D. 48 A.D. 49 A.D. 50 A.D. 51 A.D. 52   A.D. 57 A.D. 58 A.D. 59 A.D. 60 A.D. 61 A.D. 62

석방 ····▶ 견해
후기사역
A.D. 65 순교 (네로)

다메섹 회심 "아나니아"

3년 아라비아/다메섹

바나바 '다소'방문 (사울 만남)

"예루살렘 방문" "바나바, 사울" 안디옥 교회 1년 사역 A.D.45(행11:25-26)

A.D. 46 예루살렘 방문(부조)

「갈라디아서」 A.D.48

"예루살렘 사도 회의" A.D.49년(공의회) 행15:1-35 '로마'에서 유대인 추방

「데살로니가 전·후서」 A.D.50

「고린도전·후서」 A.D.55-56

「로마서」 A.D.57년 초

가이사랴 '2년'감힘 행24-26장 A.D.57-59

가택 연금 '2년' 행28:16,23,30 A.D.60-62

로마 도착 A.D.60

옥중서신 「에베소서,빌립보서」 「골로새서,빌레몬서」

목회서신 「디모데전서·후서」 「디도서」

로마 대화재 A.D.64년 7월

1 2 3 4 5 6 7 8 9 10 11 12 13 14 15 16 17 18 19 20 21 22 23 24 25 26 27 28 29 30 31

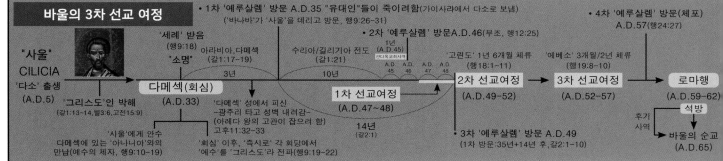

바울의 3차 선교 여정

• 1차 '예루살렘' 방문 A.D.35 "유대인"들이 죽이려함(가이사랴에서 다소로 보냄)
('바나바'가 '사울'을 데리고 방문, 행9:26-31)

• 2차 '예루살렘' 방문 A.D.46(부조, 행12:25)

• 4차 '예루살렘' 방문(체포) A.D.57(행24:27)

"사울" CILICIA '다소' 출생 (A.D.5)

세례 받음 (행9:18) "소명" 아라비아,다메섹 (갈1:17-19)

수리아/길리기아 전도 (갈1:21)

'고린도' 1년 6개월 체류 (행18:1-11)

'에베소' 3개월/2년 체류 (행19:8-10)

'그리스도'인 박해 (갈1:13-14,빌3:6,고전15:9)

다메섹(회심) (A.D.33)

'다메섹' 성에서 피신 -광주리 타고 성벽 내려감- (아레다 왕의 고관이 잡으려 함) 고후11:32-33

3년

1차 선교여정 (A.D.47~48)

14년 (갈2:1)

2차 선교여정 (A.D.49-52)

3차 선교여정 (A.D.52-57)

로마행 (A.D.59-62)

후기 사역 석방 ▶ 바울의 순교 (A.D.65)

'사울'에게 안수 다메섹에 있는 '아나니아'와의 만남(예수의 제자, 행9:10-19)

'회심' 이후, '즉시로' 각 회당에서 '예수'를 '그리스도'라 전파(행9:19-22)

• 3차 '예루살렘' 방문 A.D.49 (1차 방문:35년+14년 후,갈2:1-10)

지도로 따라가는 사도 바울의 일생

Timeline of the Apostle Paul BIBLE ATLAS

PAUL'S THIRD MISSIONARY JOURNEY

말씀
요약

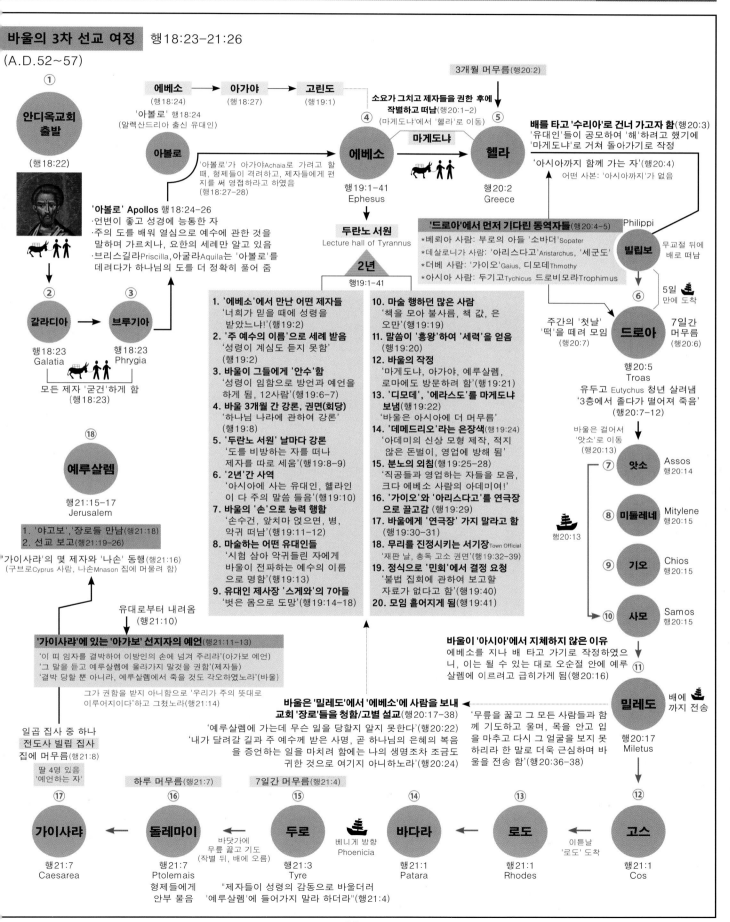

바울의 3차 선교 여정 행18:23-21:26
(A.D.52~57)

① 안디옥교회 출발 (행18:22)

에베소 (행18:24) → 아가야 (행18:27) → 고린도 (행19:1)

'아볼로' 행18:24 (알렉산드리아 출신 유대인)

아볼로

'아볼로'가 아가야Achaia로 가려고 할 때, 형제들이 격려하고, 제자들에게 편지를 써 영접하라고 하였음 (행18:27-28)

'아볼로' Apollos 행18:24-26
·언변이 좋고 성경에 능통한 자
·주의 도를 배워 열심으로 예수에 관한 것을 말하며 가르치나, 요한의 세례만 알고 있음
·브리스길라Priscilla, 아굴라Aquila는 '아볼로'를 데려다가 하나님의 도를 더 정확히 풀어 줌

② 갈라디아 행18:23 Galatia → ③ 브루기아 행18:23 Phrygia

모든 제자 '굳건'하게 함 (행18:23)

3개월 머무름(행20:2)
소요가 그치고 제자들을 권한 후에 작별하고 떠남(행20:1-2) (마게도냐에서 '헬라'로 이동)

④ 에베소 행19:1-41 Ephesus → 마게도냐 → ⑤ 헬라 행20:2 Greece

배를 타고 '수리아'로 건너 가고자 함(행20:3)
'유대인'들이 공모하여 '해'하려고 했기에 '마게도냐'로 거쳐 돌아가기로 작정

'아시아까지 함께 가는 자'(행20:4) 어떤 사본: '아시아까지'가 없음

두란노 서원 Lecture hall of Tyrannus

2년 행19:1-41

'드로아'에서 먼저 기다린 동역자들(행20:4-5)
*베뢰아 사람: 부로의 아들 '소바더'Sopater
*데살로니가 사람: '아리스다고'Aristarchus, '세군도'
*더베 사람: '가이오'Gaius, 디모데Timothy
*아시아 사람: 두기고Tychicus 드로비모라Trophimus

Philippi / ⑥ 빌립보 무교절 뒤에 배로 떠남

5일 만에 도착 / ⑥ 드로아 행20:5 Troas 7일간 머무름(행20:6)

주간의 '첫날' '떡'을 떼러 모임 (행20:7)

유두고 Eutychus 청년 살려냄 '3층에서 졸다가 떨어져 죽음'(행20:7-12)

바울은 걸어서 '앗소'로 이동 (행20:13)

1. '에베소'에서 만난 어떤 제자들 '너희가 믿을 때에 성령을 받았느냐!'(행19:2)
2. '주 예수의 이름'으로 세례 받음 '성령이 계심도 듣지 못함'(행19:2)
3. 바울이 그들에게 '안수'함 '성령이 임함으로 방언과 예언을 하게 됨, 12사람'(행19:6-7)
4. 바울 3개월 간 강론, 권면(회당) '하나님 나라에 관하여 강론'(행19:8)
5. '두란노 서원' 날마다 강론 '도를 비방하는 자를 떠나 제자를 따로 세움'(행19:8-9)
6. '2년'간 사역 '아시아에 사는 유대인, 헬라인이 다 주의 말씀 들음'(행19:10)
7. 바울의 '손'으로 능력 행함 '손수건, 앞치마 얹으면, 병, 악귀 떠남'(행19:11-12)
8. 마술하는 어떤 유대인들 '시험 삼아 악귀들린 자에게 바울이 전파하는 예수의 이름으로 명함'(행19:13)
9. 유대인 제사장 '스게와'의 7아들 '벗은 몸으로 도망'(행19:14-18)

10. 마술 행하던 많은 사람 '책을 모아 불사름, 책 값, 은 오만'(행19:19)
11. 말씀이 '흥왕'하여 '세력'을 얻음 (행19:20)
12. 바울의 작정 '마게도냐, 아가야, 예루살렘, 로마에도 방문하려 함'(행19:21)
13. '디모데', '에라스도'를 마게도냐 보냄(행19:22) '바울은 아시아에 더 머무름'
14. '데메드리오'라는 은장색(행19:24) '아데미의 신상 모형 제작, 적지 않은 돈벌이, 영업에 방해 됨'
15. 분노의 외침(행19:25-28) '직공들과 영업하는 자들을 모음, 크다 에베소 사람의 아데미여!'
16. '가이오'와 '아리스다고'를 연극장으로 끌고감 (행19:29)
17. 바울에게 '연극장' 가지 말라고 함 (행19:30-31)
18. 무리를 진정시키는 서기장Town Official '재판 날, 총독 고소 권면'(행19:32-39)
19. 정식으로 '민회'에서 결정 요청 '불법 집회에 관하여 보고할 자료가 없다고 함'(행19:40)
20. 모임 흩어지게 됨(행19:41)

⑦ 앗소 Assos 행20:14
⑧ 미둘레네 Mitylene 행20:15
⑨ 기오 Chios 행20:15
⑩ 사모 Samos 행20:15

행20:13

바울이 '아시아'에서 지체하지 않은 이유
에베소를 지나 배 타고 가기로 작정하였으니, 이는 될 수 있는 대로 오순절 안에 예루살렘에 이르려고 급히가게 됨(행20:16)

⑪ 밀레도 배에 까지 전송 행20:17 Miletus

⑱ 예루살렘 행21:15-17 Jerusalem
1. '야고보', '장로들 만남(행21:18)
2. 선교 보고(행21:19-26)

'가이사랴'의 몇 제자와 '나손' 동행(행21:16) (구브로Cyprus 사람, 나손Mnason 집에 머물려 함)

유대로부터 내려옴 (행21:10)

'가이사랴'에 있는 '아가보' 선지자의 예언(행21:11-13)
'이 띠 임자를 결박하여 이방인의 손에 넘겨 주리라'(아가보 예언)
'그 말을 듣고 예루살렘에 올라가지 말것을 권함'(제자들)
'결박 당할 뿐 아니라, 예루살렘에서 죽을 것도 각오하노라'(바울)

그가 권함을 받지 아니함으로 '우리가 주의 뜻대로 이루어지이다'하고 그쳤노라(행21:14)

일곱 집사 중 하나 전도사 빌립 집사 집에 머무름(행21:8)
딸 4명 있음 '예언하는 자'

바울은 '밀레도'에서 '에베소'에 사람을 보내 교회 '장로'들을 청함/고별 설교(행20:17-38)
'예루살렘에 가는데 무슨 일을 당할지 알지 못한다'(행20:22)
'내가 달려갈 길과 주 예수께 받은 사명, 곧 하나님의 은혜의 복음을 증언하는 일을 마치려 함에는 나의 생명조차 조금도 귀한 것으로 여기지 아니하노라'(행20:24)

'무릎을 꿇고 그 모든 사람들과 함께 기도하고 울며, 목을 안고 입을 마추고 다시 그 얼굴을 보지 못하리라 한 말로 더욱 근심하며 바울을 전송 함'(행20:36-38)

⑫ 고스 행21:1 Cos
⑬ 로도 행21:1 Rhodes 이튿날 '로도' 도착
⑭ 바다라 행21:1 Patara
⑮ 두로 행21:3 Tyre 7일간 머무름(행21:4) 베니게 방향 Phoenicia
⑯ 돌레마이 행21:7 Ptolemais 하루 머무름(행21:7) 형제들에게 안부 물음
⑰ 가이사랴 행21:7 Caesarea

바닷가에 무릎 꿇고 기도 (작별 뒤, 배에 오름)

"제자들이 성령의 감동으로 바울더러 '예루살렘'에 들어가지 말라 하더라"(행21:4)

29

바울의 3차 선교 여정

PAUL'S THIRD MISSIONARY JOURNEY

바울의 3차 선교 여정 행18:23-21:26

(A.D.52~57)

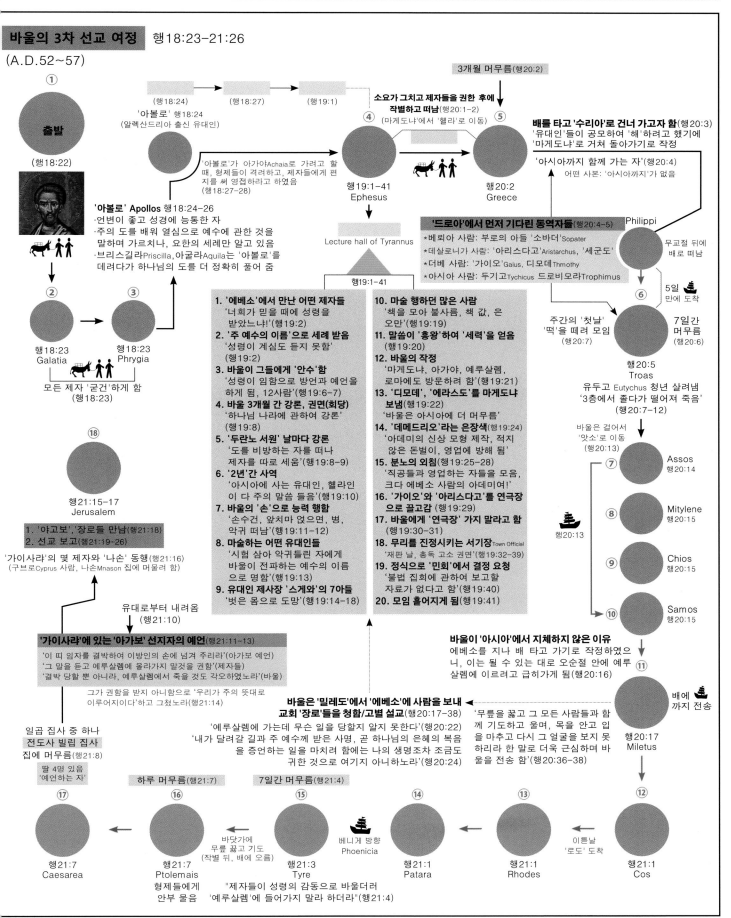

① 출발 (행18:22)

(행18:24) → (행18:27) → (행19:1)

'아볼로' 행18:24 (알렉산드리아 출신 유대인)

'아볼로'가 아가야Achaia로 가려고 할 때, 형제가 격려하고, 제자들에게 편지를 써 영접하라고 하였음 (행18:27-28)

'아볼로' Apollos 행18:24-26
·언변이 좋고 성경에 능통한 자
·주의 도를 배워 열심으로 예수에 관한 것을 말하며 가르치나, 요한의 세례만 알고 있음
·브리스길라Priscilla, 아굴라Aquila는 '아볼로'를 데려다가 하나님의 도를 더 정확히 풀어 줌

② 행18:23 Galatia
③ 행18:23 Phrygia

모든 제자 '굳건'하게 함 (행18:23)

3개월 머무름(행20:2)

소요가 그치고 제자들을 권한 후에 작별하고 떠남(행20:1-2) ④ ('마게도냐'에서 '헬라'로 이동)

행19:1-41 Ephesus

Lecture hall of Tyrannus

행19:1-41

배를 타고 '수리아'로 건너 가고자 함(행20:3)
'유대인'들이 공모하여 '해'하려고 했기에 '마게도냐'로 거쳐 돌아가기로 작정

⑤ 행20:2 Greece

'아시아까지 함께 가는 자'(행20:4)
어떤 사본: '아시아까지'가 없음

'드로아'에서 먼저 기다린 동역자들(행20:4-5)
*베뢰아 사람: 부로의 아들 '소바더'Sopater
*데살로니가 사람: '아리스다고'Aristarchus, '세군도'
*더베 사람: '가이오'Gaius, 디모데Thmothy
*아시아 사람: 두기고Tychicus 드로비모라Trophimus

Philippi

무교절 뒤에 배로 떠남

주간의 '첫날' '떡'을 떼려 모임 (행20:7)

⑥ 5일 만에 도착
7일간 머무름 (행20:6)

행20:5 Troas
유두고 Eutychus 청년 살려냄
'3층에서 졸다가 떨어져 죽음' (행20:7-12)

1. **'에베소'에서 만난 어떤 제자들**
'너희가 믿을 때에 성령을 받았느냐!'(행19:2)
2. **'주 예수의 이름'으로 세례 받음**
'성령이 계심도 듣지 못함' (행19:2)
3. **바울이 그들에게 '안수'함**
'성령이 임함으로 방언과 예언을 하게 됨, 12사람'(행19:6-7)
4. **바울 3개월 간 강론, 권면(회당)**
'하나님 나라에 관하여 강론' (행19:8)
5. **'두란노 서원' 날마다 강론**
'도를 비방하는 자를 떠나 제자를 따로 세움'(행19:8-9)
6. **'2년'간 사역**
'아시아에 사는 유대인, 헬라인 이 다 주의 말씀 들음'(행19:10)
7. **바울의 '손'으로 능력 행함**
'손수건, 앞치마 얹으면, 병, 악귀 떠남'(행19:11-12)
8. **마술하는 어떤 유대인들**
'시험 삼아 악귀들린 자에게 바울이 전파하는 예수의 이름 으로 명함'(행19:13)
9. **유대인 제사장 '스게와'의 7아들**
'벗은 몸으로 도망'(행19:14-18)

10. **마술 행하던 많은 사람**
'책을 모아 불사름, 책 값, 은 오만'(행19:19)
11. **말씀이 '흥왕'하여 '세력'을 얻음**
(행19:20)
12. **바울의 작정**
'마게도냐, 아가야, 예루살렘, 로마에도 방문하려 함'(행19:21)
13. **'디모데', '에라스도'를 마게도냐 보냄**(행19:22)
'바울은 아시아에 더 머무름'
14. **'데메드리오'라는 은장색**(행19:24)
'아데미의 신상 모형 제작, 적지 않은 돈벌이, 영업에 방해 됨'
15. **분노의 외침**(행19:25-28)
'직공들과 영업하는 자들을 모음, 크다 에베소 사람의 아데미여!'
16. **'가이오'와 '아리스다고'를 연극장 으로 끌고감**(행19:29)
17. **바울에게 '연극장' 가지 말라고 함** (행19:30-31)
18. **무리를 진정시키는 서기장**Town Official
'재판 날, 총독 고소 권면'(행19:32-39)
19. **정식으로 '민회'에서 결정 요청**
'불법 집회에 관하여 보고할 자료가 없다고 함'(행19:40)
20. **모임 흩어지게 됨**(행19:41)

⑱ 행21:15-17 Jerusalem

1. '야고보', '장로들 만남(행21:18)
2. 선교 보고(행21:19-26)

'가이사랴'의 몇 제자와 '나손' 동행(행21:16)
(구브로Cyprus 사람, 나손Mnason 집에 머물러 함)

유대로부터 내려옴 (행21:10)

'가이사랴'에 있는 '아가보' 선지자의 예언(행21:11-13)
'이 띠 임자를 결박하여 이방인의 손에 넘겨 주리라'(아가보 예언)
'그 말을 듣고 예루살렘에 올라가지 말것을 권함'(제자들)
'결박 당할 뿐 아니라, 예루살렘에서 죽을 것도 각오하였노라'(바울)

그가 권함을 받지 아니함으로 '우리가 주의 뜻대로 이루어지이다'하고 그쳤노라(행21:14)

일곱 집사 중 하나
전도사 빌립 집사
집에 머무름(행21:8)
딸 4명 있음
'예언하는 자'

바울이 '아시아'에서 지체하지 않은 이유
에베소를 지나 배 타고 가기로 작정하였으니, 이는 될 수 있는 대로 오순절 안에 예루살렘에 이르려고 급히가게 됨(행20:16)

바울은 '밀레도'에서 '에베소'에 사람을 보내 교회 '장로'들을 청함/고별 설교(행20:17-38)
'예루살렘에 가는데 무슨 일을 당할지 알지 못한다'(행20:22)
'내가 달려갈 길과 주 예수께 받은 사명, 곧 하나님의 은혜의 복음을 증언하는 일을 마치려 함에는 나의 생명조차 조금도 귀한 것으로 여기지 아니하노라'(행20:24)

'무릎을 꿇고 그 모든 사람들과 함께 기도하고 울며, 목을 안고 입을 마추고 다시 그 얼굴을 보지 못하리라 한 말로 더욱 근심하며 바울을 전송 함'(행20:36-38)

⑦ Assos 행20:14
⑧ Mitylene 행20:15
⑨ Chios 행20:15
⑩ Samos 행20:15

행20:13

바울은 걸어서 '앗소'로 이동 (행20:13)

⑪ 행20:17 Miletus

배에 까지 전송

⑫ 행21:1 Cos
⑬ 행21:1 Rhodes

이튿날 '로도' 도착

⑭ 행21:1 Patara
⑮ 행21:3 Tyre
⑯ 행21:7 Ptolemais
형제들에게 안부 물음
⑰ 행21:7 Caesarea

7일간 머무름(행21:4)
"제자들이 성령의 감동으로 바울더러 '예루살렘'에 들어가지 말라 하더라"(행21:4)

하루 머무름(행21:7)

베니게 방향 Phoenicia

바닷가에 무릎 꿇고 기도 (작별 뒤, 배에 오름)

31

4 본문 말씀 읽기
【행18:23-21:26】

제 18 장
23 얼마 있다가 떠나 갈라디아와 브루기아 땅을 차례로 다니며 모든 제자를 굳건하게 하니라

아볼로가 담대히 전도하다
24 알렉산드리아에서 난 아볼로라 하는 유대인이 에베소에 이르니 이 사람은 언변이 좋고 성경에 능통한 자라
25 그가 일찍이 주의 도를 배워 열심으로 예수에 관한 것을 자세히 말하며 가르치나 요한의 1)세례만 알 따름이라
26 그가 회당에서 담대히 말하기 시작하거늘 브리스길라와 아굴라가 듣고 데려다가 하나님의 도를 더 정확하게 풀어 이르더라
27 아볼로가 아가야로 건너가고자 함으로 형제들이 그를 격려하며 제자들에게 편지를 써 영접하라 하였더니 그가 가매 은혜로 말미암아 믿은 자들에게 많은 유익을 주니
28 이는 성경으로써 예수는 그리스도라고 증언하여 공중 앞에서 힘있게 유대인의 말을 이김이러라

제 19 장
바울이 에베소에서 전도하다
1 아볼로가 고린도에 있을 때에 바울이 윗지방으로 다녀 에베소에 와서 어떤 제자들을 만나
2 이르되 너희가 믿을 때에 성령을 받았느냐 이르되 아니라 우리는 성령이 계심도 듣지 못하였노라
3 바울이 이르되 그러면 너희가 무슨 1)세례를 받았느냐 대답하되 요한의 1)세례니라
4 바울이 이르되 요한이 회개의 1)세례를 베풀며 백성에게 말하되 내 뒤에 오시는 이를 믿으라 하였으니 이는 곧 예수라 하거늘
5 그들이 듣고 주 예수의 이름으로 1)세례를 받으니
6 바울이 그들에게 안수하매 성령이 그들에게 임하시므로 방언도 하고 예언도 하니
7 모두 열두 2)사람쯤 되니라
8 바울이 회당에 들어가 석 달 동안 담대히 하나님 나라에 관하여 강론하며 권면하되
9 어떤 사람들은 마음이 굳어 순종하지 않고 무리 앞에서 이 도를 비방하거늘 바울이 그들을 떠나 제자들을 따로 세우고 두란노 서원에서 날마다 강론하니라
10 두 해 동안 이같이 하니 아시아에 사는 자는 유대인이나 헬라인이나 다 주의 말씀을 듣더라
11 하나님이 바울의 손으로 놀라운 능력을 행하게 하시니
12 심지어 사람들이 바울의 몸에서 손수건이나 앞치마를 가져다가 병든 사람에게 얹으면 그 병이 떠나고 3)악귀도 나가더라
13 이에 돌아다니며 마술하는 어떤 유대인들이 4)시험삼아 3)악귀 들린 자들에게 주 예수의 이름을 불러 말하되 내가 바울이 전파하는 예수를 의지하여 너희에게 명하노라 하더라
14 유대의 한 제사장 스게와의 일곱 아들도 이 일을 행하더니
15 악귀가 대답하여 이르되 내가 예수도 알고 바울도 알거니와 너희는 누구냐 하며
16 악귀 들린 사람이 그들에게 뛰어올라 눌러 이기니 그들이 상하여 벗은 몸으로 그 집에서 도망하는지라
17 에베소에 사는 유대인과 헬라인들이 다 이 일을 알고 두려워하며 주 예수의 이름을 높이고
18 믿은 사람들이 많이 와서 자복하여 행한 일을 알리며
19 또 마술을 행하던 많은 사람이 그 책을 모아 가지고 와서 모든 사람 앞에서 불사르니 그 책 값을 계산한즉 은 오만이나 되더라
20 이와 같이 주의 말씀이 힘이 있어 흥왕하여 세력을 얻으니라

에베소에서 일어난 소동
21 이 일이 있은 후에 바울이 마게도냐와 아가야를 거쳐 예루살렘에 가기로 작정하여 이르되 내가 거기 갔다가 후에 로마도 보아야 하리라 하고

22 자기를 돕는 사람 중에서 디모데와 에라스도 두 사람을 마게도냐로 보내고 자기는 아시아에 얼마 동안 더 있으니라
23 그 때쯤 되어 이 도로 말미암아 적지 않은 소동이 있었으니
24 즉 데메드리오라 하는 어떤 은장색이 은으로 아데미의 신상 모형을 만들어 직공들에게 적지 않은 벌이를 하게 하더니
25 그가 그 직공들과 그러한 영업하는 자들을 모아 이르되 여러분도 알거니와 우리의 풍족한 생활이 이 생업에 있는데
26 이 바울이 에베소뿐 아니라 거의 전 아시아를 통하여 수많은 사람을 권유하여 말하되 사람의 손으로 만든 것들은 신이 아니라 하니 이는 그대들도 보고 들은 것이라
27 우리의 이 영업이 천하여질 위험이 있을 뿐 아니라 큰 여신 아데미의 신전도 무시 당하게 되고 온 아시아와 천하가 위하는 그의 위엄도 떨어질까 하노라 하더라
28 그들이 이 말을 듣고 분노가 가득하여 외쳐 이르되 크다 에베소 사람의 아데미여 하니
29 온 시내가 요란하여 바울과 같이 다니는 마게도냐 사람 가이오와 아리스다고를 붙들어 일제히 연극장으로 달려 들어가는지라
30 바울이 백성 가운데로 들어가고자 하나 제자들이 말리고
31 또 아시아 관리 중에 바울의 친구된 어떤 이들이 그에게 통지하여 연극장에 들어가지 말라 권하더라
32 사람들이 외쳐 어떤 이는 이런 말을, 어떤 이는 저런 말을 하니 모인 무리가 분란하여 태반이나 어찌하여 모였는지 알지 못하더라
33 유대인들이 무리 가운데서 알렉산더를 권하여 앞으로 밀어내니 알렉산더가 손짓하며 백성에게 변명하려 하나
34 그들은 그가 유대인인 줄 알고 다 한 소리로 외쳐 이르되 크다 에베소 사람의 아데미여 하기를 두 시간이나 하더니
35 서기장이 무리를 진정시키고 이르되 에베소 사람들아 에베소 시가 큰 아데미와 5)제우스에게서 내려온 우상의 신전지기가 된 줄을 누가 알지 못하겠느냐
36 이 일이 그렇지 않다 할 수 없으니 너희가 가만히 있어서 무엇이든지 경솔히 아니하여야 하리라
37 신전의 물건을 도둑질하지도 아니하였고 우리 여신을 비방하지도 아니한 이 사람들을 너희가 붙잡아 왔으니
38 만일 데메드리오와 그와 함께 있는 직공들이 누구에게 고발할 것이 있으면 재판 날도 있고 총독들도 있으니 피차 고소할 것이요
39 만일 그 외에 무엇을 원하면 정식으로 민회에서 결정할지라
40 오늘 아무 까닭도 없는 이 일에 우리가 소요 사건으로 책망 받을 위험이 있고 우리는 이 불법 집회에 관하여 보고할 자료가 없다 하고
41 이에 그 모임을 흩어지게 하니라

제 20 장
바울이 마게도냐와 헬라를 다니다
1 소요가 그치매 바울은 제자들을 불러 권한 후에 작별하고 떠나 마게도냐로 가니라
2 그 지방으로 다녀가며 여러 말로 제자들에게 권하고 헬라에 이르러
3 거기 석 달 동안 있다가 배 타고 수리아로 가고자 할 그 때에 유대인들이 자기를 해하려고 공모하므로 마게도냐를 거쳐 돌아가기로 작정하니
4 1)아시아까지 함께 가는 자는 베뢰아 사람 부로의 아들 소바더와 데살로니가 사람 아리스다고와 세군도와 더베 사람 가이오와 및 디모데와 아시아 사람 두기고와 드로비모라
5 그들은 먼저 가서 드로아에서 우리를 기다리더라
6 우리는 무교절 후에 빌립보에서 배로 떠나 닷새 만에 드로아에 있는 그들에게 가서 이레를 머무니라

유두고를 살리다
7 그 주간의 첫날에 우리가 떡을 떼려 하여 모였더니 바울이 이튿날 떠나고자 하여 그들에게 강론할새 말을 밤중까지 계속하매

PAUL'S THIRD MISSIONARY JOURNEY

8 우리가 모인 윗다락에 등불을 많이 켰는데
9 유두고라 하는 청년이 창에 걸터 앉아 있다가 깊이 졸더니 바울이 강론하기를 더 오래 하매 졸음을 이기지 못하여 삼 층에서 떨어지거늘 일으켜보니 죽었는지라
10 바울이 내려가서 그 위에 엎드려 그 몸을 안고 말하되 떠들지 말라 생명이 그에게 있다 하고
11 올라가 떡을 떼어 먹고 오랫동안 곧 날이 새기까지 이야기하고 떠나니라
12 사람들이 살아난 청년을 데리고 가서 적지 않게 위로를 받았더라

드로아에서 밀레도까지 항해하다

13 우리는 앞서 배를 타고 앗소에서 바울을 태우려고 그리로 가니 이는 바울이 2)걸어서 가고자 하여 그렇게 정하여 준 것이라
14 바울이 앗소에서 우리를 만나니 우리가 배에 태우고 미둘레네로 가서
15 거기서 떠나 이튿날 기오 앞에 오고 그 이튿날 사모에 들르고 또 그 다음 날 밀레도에 이르니라
16 바울이 아시아에서 지체하지 않기 위하여 에베소를 지나 배 타고 가기로 작정하였으니 이는 될 수 있는 대로 오순절 안에 예루살렘에 이르려고 급히 감이러라

에베소 장로들에게 고별 설교를 하다

17 바울이 밀레도에서 사람을 에베소로 보내어 교회 장로들을 청하니
18 오매 그들에게 말하되 아시아에 들어온 첫날부터 지금까지 내가 항상 여러분 가운데서 어떻게 행하였는지를 여러분도 아는 바니
19 곧 모든 겸손과 눈물이며 유대인의 간계로 말미암아 당한 시험을 참고 주를 섬긴 것과
20 유익한 것은 무엇이든지 공중 앞에서나 각 집에서나 거리낌이 없이 여러분에게 전하여 가르치고
21 유대인과 헬라인들에게 하나님께 대한 회개와 우리 주 예수 그리스도께 대한 믿음을 증언한 것이라
22 보라 이제 나는 성령에 매여 예루살렘으로 가는데 거기서 무슨 일을 당할는지 알지 못하노라
23 오직 성령이 각 성에서 내게 증언하여 결박과 환난이 나를 기다린다 하시나
24 내가 달려갈 길과 주 예수께 받은 사명 곧 하나님의 은혜의 복음을 증언하는 일을 마치려 함에는 나의 생명조차 조금도 귀한 것으로 여기지 아니하노라
25 보라 내가 여러분 중에 왕래하며 하나님의 나라를 전파하였으나 이제는 여러분이 다 내 얼굴을 다시 보지 못할 줄 아노라
26 그러므로 오늘 여러분에게 증언하거니와 모든 사람의 피에 대하여 내가 깨끗하니
27 이는 내가 꺼리지 않고 하나님의 뜻을 다 여러분에게 전하였음이라
28 여러분은 자기를 위하여 또는 온 양 떼를 위하여 삼가라 성령이 그들 가운데 여러분을 감독자로 삼고 3)하나님이 자기 피로 사신 교회를 보살피게 하셨느니라
29 내가 떠난 후에 사나운 이리가 여러분에게 들어와서 그 양 떼를 아끼지 아니하며
30 또한 여러분 중에서도 제자들을 끌어 자기를 따르게 하려고 어그러진 말을 하는 사람들이 일어날 줄을 내가 아노라
31 그러므로 여러분이 일깨어 내가 삼 년이나 밤낮 쉬지 않고 눈물로 각 사람을 훈계하던 것을 기억하라
32 지금 내가 여러분을 주와 및 그 은혜의 말씀에 부탁하노니 그 말씀이 여러분을 능히 든든히 세우사 거룩하게 하심을 입은 모든 자 가운데 기업이 있게 하시리라
33 내가 아무의 은이나 금이나 의복을 탐하지 아니하였고
34 여러분이 아는 바와 같이 이 손으로 나와 내 동행들이 쓰는 것을 충당하여
35 범사에 여러분에게 모본을 보여준 바와 같이 수고하여 약한 사람들을 돕고 또 주 예수께서 친히 말씀하신 바 주는 것이

받는 것보다 복이 있다 하심을 기억하여야 할지니라
36 이 말을 한 후 무릎을 꿇고 그 모든 사람들과 함께 기도하니
37 다 크게 울며 바울의 목을 안고 입을 맞추고
38 다시 그 얼굴을 보지 못하리라 한 말로 말미암아 더욱 근심하고 배에까지 그를 전송하니라

제 21 장
바울이 예루살렘으로 가다

1 우리가 그들을 작별하고 배를 타고 바로 고스로 가서 이튿날 로도에 이르러 거기서부터 바다라로 가서
2 베니게로 건너가는 배를 만나서 타고 가다가
3 구브로를 바라보고 이를 왼편에 두고 수리아로 항해하여 두로에서 상륙하니 거기서 배의 짐을 풀려 함이러라
4 제자들을 찾아 거기서 이레를 머물더니 그 제자들이 성령의 감동으로 바울더러 예루살렘에 들어가지 말라 하더라
5 이 여러 날을 지낸 후 우리가 떠나갈새 그들이 다 그 처자와 함께 성문 밖까지 전송하거늘 우리가 바닷가에서 무릎을 꿇어 기도하고
6 서로 작별한 후 우리는 배에 오르고 그들은 집으로 돌아가니라
7 두로를 떠나 항해를 다 마치고 돌레마이에 이르러 형제들에게 안부를 묻고 그들과 함께 하루를 있다가
8 이튿날 떠나 가이사랴에 이르러 일곱 집사 중 하나인 전도자 빌립의 집에 들어가서 머무르니라
9 그에게 딸 넷이 있으니 처녀로 예언하는 자라
10 여러 날 머물러 있더니 아가보라 하는 한 선지자가 유대로부터 내려와
11 우리에게 와서 바울의 띠를 가져다가 자기 수족을 잡아매고 말하기를 성령이 말씀하시되 예루살렘에서 유대인들이 이같이 이 띠 임자를 결박하여 이방인의 손에 넘겨 주리라 하거늘
12 우리가 그 말을 듣고 그 곳 사람들과 더불어 바울에게 예루살렘으로 올라가지 말라 권하니
13 바울이 대답하되 여러분이 어찌하여 울어 내 마음을 상하게 하느냐 나는 주 예수의 이름을 위하여 결박 당할 뿐 아니라 예루살렘에서 죽을 것도 각오하였노라 하니
14 그가 권함을 받지 아니하므로 우리가 주의 뜻대로 이루어지이다 하고 그쳤노라
15 이 여러 날 후에 여장을 꾸려 예루살렘으로 올라갈새
16 가이사랴의 몇 제자가 함께 가며 한 오랜 제자 구브로 사람 나손을 데리고 가니 이는 우리가 그의 집에 머물려 함이라

바울이 야고보를 방문하다

17 예루살렘에 이르니 형제들이 우리를 기꺼이 영접하거늘
18 그 이튿날 바울이 우리와 함께 야고보에게로 들어가니 장로들도 다 있더라
19 바울이 문안하고 하나님이 자기의 사역으로 말미암아 이방 가운데서 하신 일을 낱낱이 말하니
20 그들이 듣고 하나님께 영광을 돌리고 바울더러 이르되 형제여 그대도 보는 바에 유대인 중에 믿는 자 수만 명이 있으니 다 율법에 열성을 가진 자라
21 네가 이방에 있는 모든 유대인을 가르치되 모세를 배반하고 아들들에게 할례를 행하지 말고 또 관습을 지키지 말라 한다 함을 그들이 들었도다
22 그러면 어찌할꼬 그들이 필연 그대가 온 것을 들으리니
23 우리가 말하는 이대로 하라 서원한 네 사람이 우리에게 있으니
24 그들을 데리고 함께 결례를 행하고 그들을 위하여 비용을 내어 머리를 깎게 하라 그러면 모든 사람이 그대에 대하여 들은 것이 사실이 아니고 그대도 율법을 지켜 행하는 줄로 알 것이라
25 주를 믿는 이방인에게는 우리가 우상의 제물과 피와 목매어 죽인 것과 음행을 피할 것을 결의하고 편지하였느니라 하니
26 바울이 이 사람들을 데리고 이튿날 그들과 함께 결례를 행하고 성전에 들어가서 각 사람을 위하여 제사 드릴 때까지의 결례 기간이 만기된 것을 신고하니라

Chapter 18

23 After staying there for a while, he left and visited several places in Galatia and Phrygia. He helped the followers there to become stronger in their faith.

Apollos in Ephesus

24 A Jewish man named Apollos came to Ephesus. Apollos had been born in the city of Alexandria. He was a very good speaker and knew a lot about the Scriptures.

25 He also knew much about the Lord's Way, u) and he spoke about it with great excitement. What he taught about Jesus was right, but all he knew was John's message about baptism.

26 Apollos started speaking bravely in the Jewish meeting place. But when Priscilla and Aquila heard him, they took him to their home and helped him understand God's Way even better.

27 Apollos decided to travel through Achaia. So the Lord's followers wrote letters, encouraging the followers there to welcome him. After Apollos arrived in Achaia, he was a great help to everyone who had put their faith in the Lord Jesus because of God's kindness.

28 He got into fierce arguments with the Jewish people, and in public he used the Scriptures to prove that Jesus is the Messiah.

Chapter 19
Paul in Ephesus

1 While Apollos was in Corinth, Paul traveled across the hill country to Ephesus, where he met some of the Lord's followers.

2 He asked them, "When you put your faith in Jesus, were you given the Holy Spirit?"
"No!" they answered. "We have never even heard of the Holy Spirit."

3 "Then why were you baptized?" Paul asked.
They answered, "Because of what John taught." v)

4 Paul replied, "John baptized people so that they would turn to God. But he also told them that someone else was coming, and that they should put their faith in him. Jesus is the one that John was talking about."

5 After the people heard Paul say this, they were baptized in the name of the Lord Jesus.

6 Then Paul placed his hands on them. The Holy Spirit was given to them, and they spoke unknown languages and prophesied.

7 There were about twelve men in this group.

8 For three months Paul went to the Jewish meeting place and talked bravely with the people about God's kingdom. He tried to win them over,

9 but some of them were stubborn and refused to believe. In front of everyone they said terrible things about God's Way. Paul left and took the followers with him to the lecture hall of Tyrannus. He spoke there every day

10 for two years, until every Jew and Gentile w) in Asia had heard the Lord's message.

The Sons of Sceva

11 God gave Paul the power to work great miracles.

12 People even took handkerchiefs and aprons that had touched Paul's body, and they carried them to everyone who was sick. All of the sick people were healed, and the evil spirits went out.

13 Some Jewish men started going around trying to force out evil spirits by using the name of the Lord Jesus. They said to the spirits, "Come out in the name of that same Jesus that Paul preaches about!"

14 Seven sons of a Jewish high priest named Sceva were doing this,

15 when an evil spirit said to them, "I know Jesus! And I have heard about Paul. But who are you?"

16 Then the man with the evil spirit jumped on them and beat them up. They ran out of the house, naked and bruised.

17 When the Jews and Gentiles w) in Ephesus heard about this, they were so frightened that they praised the name of the Lord Jesus.

18 Many who were followers now started telling everyone about the evil things they had been doing.

19 Some who had been practicing witchcraft even brought their books and burned them in public. These books were worth about fifty thousand silver coins.

20 So the Lord's message spread and became even more powerful.

The Riot in Ephesus

21 After all of this had happened, Paul decided x) to visit Macedonia and Achaia on his way to Jerusalem. Paul had said, "From there I will go on to Rome."

22 So he sent his two helpers, Timothy and Erastus, to Macedonia. But he stayed on in Asia for a while.

23 At that time there was serious trouble because of the Lord's Way. y)

24 A silversmith named Demetrius had a business that made silver models of the temple of the goddess Artemis. Those who worked for him earned a lot of money.

25 Demetrius brought together everyone who was in the same business and said: Friends, you know that we make a good living at this.

26 But you have surely seen and heard how this man Paul is upsetting a lot of people, not only in Ephesus, but almost everywhere in Asia. He claims that the gods we humans make are not really gods at all.

27 Everyone will start saying terrible things about our business. They will stop respecting the temple of the goddess Artemis, who is worshiped in Asia and all over the world. Our great goddess will be forgotten!

28 When the workers heard this, they got angry and started shouting, "Great is Artemis, the goddess of the Ephesians!"

29 Soon the whole city was in a riot, and some men grabbed Gaius and Aristarchus, who had come from Macedonia with Paul. Then everyone in the crowd rushed to the place where the town meetings were held.

30 Paul wanted to go out and speak to the people, but the Lord's followers would not let him.

31 A few of the local officials were friendly to Paul, and they sent someone to warn him not to go.

32 Some of the people in the meeting were shouting one thing, and others were shouting something else. Everyone was completely confused, and most of them did not even know why they were there.

33 Several of the Jewish leaders pushed a man named Alexander to the front of the crowd and started telling him what to say. He motioned with his hand and tried to explain what was going on.

34 But when the crowd saw that he was Jewish, they all shouted for two hours, "Great is Artemis, the goddess of the Ephesians!"

35 Finally, a town official made the crowd be quiet. Then he said: People of Ephesus, who in the world doesn't know that our city is the center for worshiping the great goddess Artemis? Who doesn't know that her image which fell from heaven is right here?

36 No one can deny this, and so you should calm down and not do anything foolish.

37 You have brought men in here who have not robbed temples or spoken against our goddess.

38 If Demetrius and his workers have a case against these men, we have courts and judges. Let them take their complaints there.

39 But if you want to do more than that, the matter will have to be brought before the city council.

40 We could easily be accused of starting a riot today. There is no excuse for it! We cannot even give a reason for this uproar.

41 After saying this, he told the people to leave.

Paul Goes through Macedonia and Greece

Chapter 20
Paul Goes through Macedonia and Greece
1   When the riot was over, Paul sent for the followers and encouraged them. He then told them good-by and left for Macedonia.
2   As he traveled from place to place, he encouraged the followers with many messages. Finally, he went to Greece z)
3   and stayed there for three months.
Paul was about to sail to Syria. But some of the Jewish leaders plotted against him, so he decided to return by way of Macedonia.
4   With him were Sopater, son of Pyrrhus from Berea, and Aristarchus and Secundus from Thessalonica. Gaius from Derbe was also with him, and so were Timothy and the two Asians, Tychicus and Trophimus.
5   They went on ahead to Troas and waited for us there.
6   After the Festival of Thin Bread, we sailed from Philippi. Five days later we met them in Troas and stayed there for a week.

Paul's Last Visit to Troas
7   On the first day of the week a) we met to break bread together. b) Paul spoke to the people until midnight because he was leaving the next morning.
8   In the upstairs room where we were meeting, there were a lot of lamps.
9   A young man by the name of Eutychus was sitting on a window sill. While Paul was speaking, the young man got very sleepy. Finally, he went to sleep and fell three floors all the way down to the ground. When they picked him up, he was dead.
10   Paul went down and bent over Eutychus. He took him in his arms and said, "Don't worry! He's alive."
11   After Paul had gone back upstairs, he broke bread, and ate with us. He then spoke until dawn and left.
12   Then the followers took the young man home alive and were very happy.

The Voyage from Troas to Miletus
13   Paul decided to travel by land to Assos. The rest of us went on ahead by ship, and we were to take him aboard there.
14   When he met us in Assos, he came aboard, and we sailed on to Mitylene.
15   The next day we came to a place near Chios, and the following day we reached Samos. The day after that we sailed to Miletus.
16   Paul had decided to sail on past Ephesus, because he did not want to spend too much time in Asia. He was in a hurry and wanted to be in Jerusalem in time for Pentecost. c)

Paul Says Good-By to the Church Leaders of Ephesus
17   From Miletus, Paul sent a message for the church leaders at Ephesus to come and meet with him.
18   When they got there, he said: You know everything I did during the time I was with you when I first came to Asia.
19   Some of the Jews plotted against me and caused me a lot of sorrow and trouble. But I served the Lord and was humble.
20   When I preached in public or taught in your homes, I didn't hold back from telling anything that would help you.
21   I told Jews and Gentiles to turn to God and have faith in our Lord Jesus.
22   I don't know what will happen to me in Jerusalem, but I must obey God's Spirit and go there.
23   In every city I visit, I am told by the Holy Spirit that I will be put in jail and will be in trouble in Jerusalem.
24   But I don't care what happens to me, as long as I finish the work that the Lord Jesus gave me to do. And that work is to tell the good news about God's great kindness.
25   I have gone from place to place, preaching to you about God's kingdom, but now I know that none of you will ever see me again.
26   I tell you today that I am no longer responsible for any of you!
27   I have told you everything God wants you to know.
28   Look after yourselves and everyone the Holy Spirit has placed in your care. Be like shepherds to God's church. It is the flock that he bought with the blood of his own Son. d)

29   I know that after I am gone, others will come like fierce wolves to attack you.
30   Some of your own people will tell lies to win over the Lord's followers.
31   Be on your guard! Remember how day and night for three years I kept warning you with tears in my eyes.
32   I now place you in God's care. Remember the message about his great kindness! This message can help you and give you what belongs to you as God's people.
33   I have never wanted anyone's money or clothes.
34   You know how I have worked with my own hands to make a living for myself and my friends.
35   By everything I did, I showed how you should work to help everyone who is weak. Remember that our Lord Jesus said, "More blessings come from giving than from receiving."
36   After Paul had finished speaking, he knelt down with all of them and prayed.
37   Everyone cried and hugged and kissed him.
38   They were especially sad because Paul had told them, "You will never see me again."
Then they went with him to the ship.

Chapter 21
Paul Goes to Jerusalem
1   After saying good-by, we sailed straight to Cos. The next day we reached Rhodes and from there sailed on to Patara.
2   We found a ship going to Phoenicia, so we got on board and sailed off.
3   We came within sight of Cyprus and then sailed south of it on to the port of Tyre in Syria, where the ship was going to unload its cargo.
4   We looked up the Lord's followers and stayed with them for a week. The Holy Spirit had told them to warn Paul not to go on to Jerusalem.
5   But when the week was over, we started on our way again. All the men, together with their wives and children, walked with us from the town to the seashore. We knelt on the beach and prayed.
6   Then after saying good-by to each other, we got into the ship, and they went back home.
7   We sailed from Tyre to Ptolemais, where we greeted the followers and stayed with them for a day.
8   The next day we went to Caesarea and stayed with Philip, the preacher. He was one of the seven men who helped the apostles,
9   and he had four unmarried e) daughters who prophesied.
10   We had been in Caesarea for several days, when the prophet Agabus came to us from Judea.
11   He took Paul's belt, and with it he tied up his own hands and feet. Then he told us, "The Holy Spirit says that some of the Jewish leaders in Jerusalem will tie up the man who owns this belt. They will also hand him over to the Gentiles."
12   After Agabus said this, we and the followers living there begged Paul not to go to Jerusalem.
13   But Paul answered, "Why are you crying and breaking my heart? I am not only willing to be put in jail for the Lord Jesus. I am even willing to die for him in Jerusalem!"
14   Since we could not get Paul to change his mind, we gave up and prayed, "Lord, please make us willing to do what you want."
15   Then we got ready to go to Jerusalem.
16   Some of the followers from Caesarea went with us and took us to stay in the home of Mnason. He was from Cyprus and had been a follower from the beginning.
Paul Visits James
17   When we arrived in Jerusalem, the Lord's followers gladly welcomed us.

5 사도 바울의 로마행

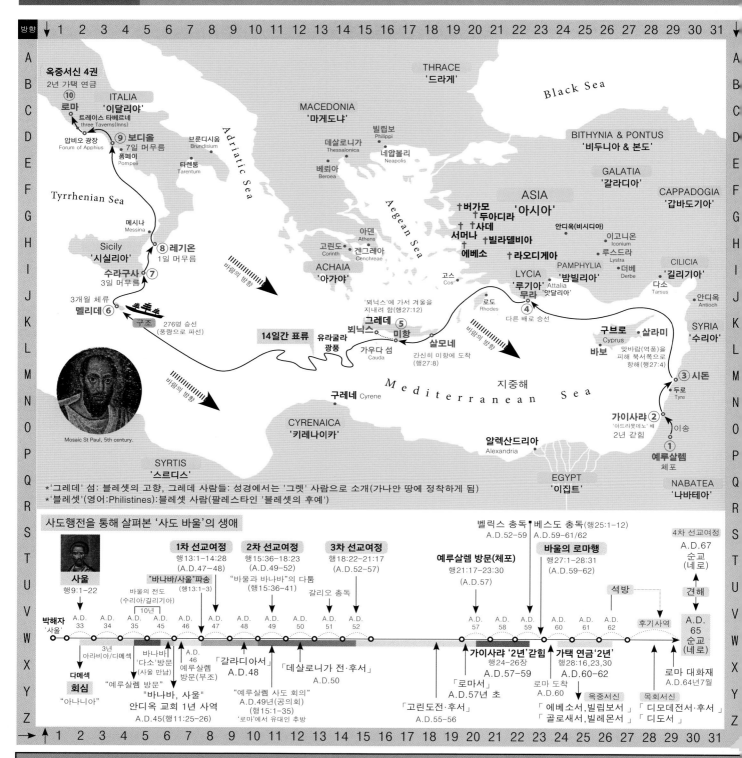

*'그레데' 섬: 블레셋의 고향, 그레데 사람들: 성경에서는 '그렛' 사람으로 소개 (가나안 땅에 정착하게 됨)
*'블레셋'(영어:Philistines):블레셋 사람(팔레스타인 '블레셋'의 후예)

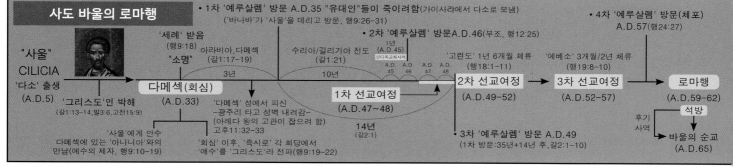

Timeline of the Apostle Paul BIBLE ATLAS

PAUL'S VOYAGE TO ROME

사도 바울의 로마행 행27:1-28:31

(A.D.59~62)

예루살렘에서 붙잡힌 바울(행21:17-23장)
1. 바울 '예루살렘' 방문(체포)
   (행21:17-23:3)
2. 바울 '가이사랴' 2년 갇힘(행24-26장)
3. 바울의 '로마'행-압송
   (행27:1-28:31)

1. '율리오'Julius는 '바울'이 친구들에게 대접받도록 허락(행27:3)
2. 맞바람을 피하여 '구브로'Cyprus 해안을 의지하고 항해(행27:4)

'이달리야'Italy 로 이동하는 배로 옮겨 타게 됨
(알렉산드리아 Alexandrian ship 배, 행27:6)

1. 원주민의 영접과 덤불 속 '독사'(행28:1-6)
2. '보블리오'Publius 3일간 영접과 부친의 열병과 이질, 기도와 안수로 치유(행28:7-10)
3. 3개월간 머물렀다가 '알렉산드리아' 배를 타고 이동함(행28:11)

재판:로마 황제에게 상소
(로마로 이동하기 위해 '항구' 이용)

길리기아, 밤빌리아 바다를 건너 감
(행27:5)

살모네 앞을 지나 그레데 해안을 바람 막이로 항해
(행27:7)

14일간 표류

백부장:수영하는자 물에 뛰어 내리고 또는 널조각 및 물건 의지하여 섬으로 이동(행27:44)

①		②		③		④		⑤		⑥
예루살렘	출발 육로 이동	**가이사랴**		**시돈**	토	**무라**	추추추	**미항**	"유라굴라 광풍" '가우다'Cauda 섬	**멜리데**
행28:16 Jerusalem 체포		행27:2 Caesarea 2년 갇힘		행27:3 Sidon '베니게'Phoenicia 성읍 '염색업'과 '유리 세공' 유명		행27:5-6 Myra '루기아'Lycia 성읍		행27:8 Fair Havens '라새아'Lasea 근방		행28:1 Melita 3개월 체류

1. '바울'과 죄수들, '이달리야'Italy로 보내기로 결정(행27:1)
2. '아구스도대'의 백부장 '율리오'Julius에게 이송 책임 맡겨짐(행27:1)
3. '아드라뭇데노'ship of Adramyttium 배 타고 출항(행27:2)
4. '마게도냐'의 데살로니가 사람 '아리스다고'Aristarchus가 동행(행27:2)

알렉산드리아 배 Alexandrian ship, 276명 승선(행27:37)

1. 바울의 권면 '하물'Cargo과 '배'의 손실 및 생명에도 위협
   (행27:9-10)
2. 백부장은 '선장'Pilot 과 '선주'Owner 의 말을 더 믿음(행27:11)
3. 뵈닉스Phoenix '그레데Crete 항구'로 가서 겨울을
   지내자고 결정 함(행27:12)
4. 남풍이 순하게 불게 됨으로 뜻을 이룬 줄 알고 닻을 감아
   '그레데'Crete 해변을 끼고 항해(행27:13)
5. '유라굴로'Northeaster 광풍 만남(사공들이 짐을 바다에 버림)
6. 첫째날: 광풍 만남, 둘째날: 짐을 버림 세째날: 배의 기구 버림
   (행27:14-19)
7. 여러날 동안 '해'Sun, '별'Stars 도 보이지 아니하고, 큰 풍랑도
   그대로 있고, 구원의 여망마저 없어졌음(행27:20)
8. 바울은 안심하라고 하며 한 '섬'Island 에 도착할 것을 언급
   (행27:21-26)

'가이사랴'에서의 2년(행24-26장)
1. 대제사장 '아나니아'Ananiah 의 고소(행24:1-5)
▶ 2. '벨릭스'Felix 총독 앞에 선 '바울'
▶ 3. '벨릭스'Felix 총독 후임으로 2년 뒤, '베스도'Festus 부임(행24:27)
4. 유대인의 마음 얻으려 '유대인'에게 넘겨주려 함(행24:27)
5. 로마 '시민'으로 최후의 법적 수단 사용('가이사'에게 재판 청구)

네로 황제[Nero]
A.D 54.10.13-68.6.9

순교
(참수형)

방문
추정

견해 Ⅱ 4차 선교여정(서바나-로마)(A.D.62-67)
'바울의 2차 체포와 순교' (A.D.67)
「목회서신」 A.D.62-67. '디모데전 ·후서, 디도서' 기록

* Spain '서바나'(Spain): 롬15:23,28
* Greece
* Asia

순교
(참수형)

견해 Ⅰ 후기 선교(A.D.62-65)
'바울의 2차 체포와 순교'(A.D.65년 경)
「목회서신」 A.D.62-65 '디모데전 ·후서, 디도서' 기록

로마 제국과 유대의 총독들(로마 행정관)

1. **코포니우스**[Coponius: A.D. 6-9]
2. **암비비우스**[M. Ambivius: A.D. 9-12]
3. **안니우스 루푸스**[Annius Rufus: A.D. 12-15]
4. **발레리우스 그라투스**[Valerius Gratus: A.D. 15-26]
5. **본디오 빌라도**[Pontius Pilate: A.D. 26-36]
6. **마르셀루스**[Marcellus: A.D. 37]
7. **마릴루스**[Maryllus: A.D. 37-41]
8. **쿠스피우스 파두스**[Cuspius Fadus: A.D. 44.-46]
9. **티베리우스 알렉산더**[Tiberius Alexander: A.D. 46-48]
10. **벤티디우스 쿠마누스**[Ventidius Cumanus: A.D.48-52]
11. **안토니우스 벨릭스**[M. Antonius Felix: A.D. 52-59]
12. **폴키우스 베스도**[Porcius Festus: A.D. 59-61/62]
13. **알비누스**[Albinus: A.D. 62-64.]
14. **게시우스 플로루스**[Gessius Florus: A.D. 64-66.]

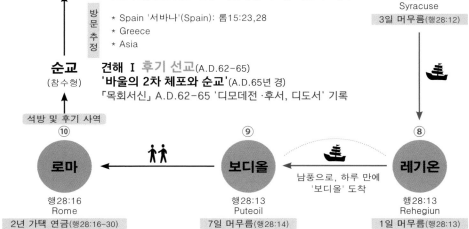

⑩		⑨		⑧
로마	👫	**보디올**	남풍으로, 하루 만에 '보디올' 도착	**레기온**
행28:16 Rome 2년 가택 연금(행28:16-30)		행28:13 Puteoil 7일 머무름(행28:14) 형제들을 만남		행28:13 Rehegiun 1일 머무름(행28:13)

1. 형제들이 '압비오 광장'Market of Appius과
   '트레이스 타베르네'three Taverns(Inns)까지
   맞으러 나오게 됨(행28:15)
2. 하나님 나라 전파 및 강론(행28:23)
3. 옥중 서신: ①에베소서 ②빌립보서 ③골로새서 ④빌레몬서 기록

⑦
수라구사
행28:12
Syracuse
3일 머무름(행28:12)

5 말씀 기록 노트

사도 바울의 로마행

Timeline of the Apostle Paul BIBLE ATLAS

PAUL'S VOYAGE TO ROME

사도 바울의 로마행 행27:1-28:31

(A.D.59~62)

예루살렘에서 붙잡힌 바울(행21:17-23장)
1. 바울 '예루살렘' 방문(체포)
   (행21:17-23:3)
2. 바울 '가이사랴' 2년 갇힘(행24-26장)
3. 바울의 '로마'행-압송
   (행27:1-28:31)

1. '율리오'Julius는 '바울'이 친구들에게 대접받도록 허락(행27:3)
2. 맞바람을 피하여 '구브로'Cyprus 해안을 의지하고 항해(행27:4)

1. 원주민의 영접과 덤불 속 '독사'(행28:1-6)
2. '보블리오'Publius 3일간 영접과 부친의 열병과
   이질, 기도와 안수로 치유(행28:7-10)
3. 3개월간 머물렀다가 '알렉산드리아' 배를 타고
   이동함(행28:11)

'이달리야'Italy 로 이동하는 배로 옮겨 타게 됨
(알렉산드리아 Alexandrian ship 배, 행27:6)

백부장:수영하는자
물에 뛰어 내리고 또는
널조각 및 물건 의지하여
섬으로 이동(행27:44)

재판:로마 황제에게 상소
(로마로 이동하기 위해 '항구' 이용)

길리기아, 밤빌리아
바다를 건너 감
(행27:5)

살모네 앞을 지나 그레데
해안을 바람 막이로 항해
(행27:7)

14일간 표류

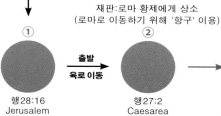

① 출발 ② ③ ④ ⑤ "유라굴라 광풍" ⑥
육로 이동   '가우다'Cauda 섬

행28:16 | 행27:2 | 행27:3 | 행27:5-6 | 행27:8 | 행28:1
Jerusalem | Caesarea | Sidon | Myra | Fair Havens | Melita
체포 | 2년 갇힘 | '베니게'Phoenicia 성읍 | '루기아'Lycia 성읍 | '라새아'Lasea 근방 | 3개월 체류
 | | '염색업'과 '유리 세공' 유명 | | |

1. '바울'과 죄수들, '이달리야'Italy로 보내기로 결정(행27:1)
2. '아구스도대'의 백부장 '율리오'Julius에게 이송 책임 맡겨짐(행27:1)
3. '아드라뭇데노'ship of Adramyttium 배 타고 출항(행27:2)
4. '마게도냐'의 데살로니가 사람 '아리스다고'Aristarchus가 동행(행27:2)

알렉산드리아 배 Alexandrian ship, 276명 승선(행27:37)
1. 바울의 권면 '화물'Cargo과 '배'의 손실 및 생명에도 위협
   (행27:9-10)
2. 백부장은 '선장'Pilot 과 '선주'Owner 의 말을 더 믿음(행27:11)
3. 뵈닉스Phoenix '그레데Crete 항구'로 가서 겨울을
   지내자고 결정 함(행27:12)
4. 남풍이 순하게 불게 됨으로 뜻을 이룬 줄 알고 닻을 감아
   '그레데'Crete 해변을 끼고 항해(행27:13)
5. '유라굴로'Northeaster 광풍 만남(사공들이 짐을 바다에 버림)
6. 첫째날: 광풍 만남, 둘째날: 짐을 버림 세째날: 배의 기구 버림
   (행27:14-19)
7. 여러날 동안 '해'Sun, '별'Stars 도 보이지 아니하고, 큰 풍랑도
   그대로 있고, 구원의 여망마저 없어졌음(행27:20)
8. 바울은 안심하라고 하며 한 '섬'Island 에 도착할 것을 언급
   (행27:21-26)

'가이사랴'에서의 2년(행24-26장)
1. 대제사장 '아나니아'Ananiah 의 고소(행24:1-5)
▶ 2. '벨릭스'Felix 총독 앞에 선 '바울'
▶ 3. '벨릭스'Felix 총독 후임으로 2년 뒤, '베스도'Festus 부임(행24:27)
4. 유대인의 마음 얻으려 '유대인'에게 넘겨주려 함(행24:27)
5. 로마 '시민'으로 최후의 법적 수단 사용('가이사'에게 재판 청구)

네로 황제[Nero]
A.D 54.10.13-68.6.9

순교
(참수형)

견해 Ⅱ 4차 선교여정(서바나-로마)(A.D.62-67)
'바울의 2차 체포와 순교' (A.D.67)
「목회서신」A.D.62-67. '디모데전·후서, 디도서' 기록

방문
추정
* Spain '서바나'(Spain): 롬15:23,28
* Greece
* Asia

로마 제국과 유대의 총독들(로마 행정관)
1. 코포니우스[Coponius: A.D. 6-9]
2. 암비비우스[M. Ambivius: A.D. 9-12]
3. 안니우스 루푸스[Annius Rufus: A.D. 12-15]
4. 발레리우스 그라투스[Valerius Gratus: A.D. 15-26]
5. 본디오 빌라도[Pontius Pilate: A.D. 26-36]
6. 마르셀루스[Marcellus: A.D. 37]
7. 마릴루스[Maryllus: A.D. 37-41]
8. 쿠스피우스 파두스[Cuspius Fadus: A.D. 44.-46]
9. 티베리우스 알렉산더[Tiberius Alexander: A.D. 46-48]
10. 벤티디우스 쿠마누스[Ventidius Cumanus: A.D.48-52]
11. 안토니우스 벨릭스[M. Antonius Felix: A.D. 52-59]
12. 폴키우스 베스도[Porcius Festus: A.D. 59-61/62]
13. 알비누스[Albinus: A.D. 62-64.]
14. 게시우스 플로루스[Gessius Florus: A.D. 64-66.]

순교
(참수형)

견해 Ⅰ 후기 선교(A.D.62-65)
'바울의 2차 체포와 순교'(A.D.65년 경)
「목회서신」A.D.62-65 '디모데전·후서, 디도서' 기록

석방 및 후기 사역

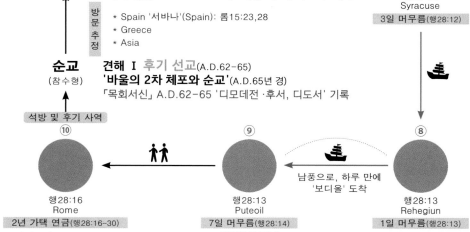

⑦ 행28:12 Syracuse 3일 머무름(행28:12)

⑩ 행28:16 Rome 2년 가택 연금(행28:16-30)
⑨ 행28:13 Puteoil 7일 머무름(행28:14) 형제들을 만남
⑧ 행28:13 Rehegiun 1일 머무름(행28:13)

남풍으로, 하루 만에
'보디올' 도착

1. 형제들이 '압비오 광장'Market of Appius과
   '트레이스 타베르네'three Taverns(Inns)까지
   맞으러 나오게 됨(행28:15)
2. 하나님 나라 전파 및 강론(행28:23)
3. 옥중 서신: ①에베소서 ②빌립보서 ③골로새서 ④빌레몬서 기록

5 본문 말씀 읽기
【행27:1-28:31】

행27장
바울이 로마로 압송되다

1 우리가 배를 타고 이달리야에 가기로 작정되매 바울과 다른 죄수 몇 사람을 아구스도대의 백부장 율리오란 사람에게 맡기니

2 아시아 해변 각처로 가려 하는 아드라뭇데노 배에 우리가 올라 항해할새 마게도냐의 데살로니가 사람 아리스다고도 함께 하니라

3 이튿날 시돈에 대니 율리오가 바울을 친절히 대하여 친구들에게 가서 대접 받기를 허락하더니

4 또 거기서 우리가 떠나가다가 맞바람을 피하여 구브로 해안을 의지하고 항해하여

5 길리기아와 밤빌리아 바다를 건너 루기아의 무라 시에 이르러

6 거기서 백부장이 이달리야로 가려 하는 알렉산드리아 배를 만나 우리를 오르게 하니

7 배가 더디 가 여러 날 만에 간신히 니도 맞은편에 이르러 풍세가 더 허락하지 아니하므로 살모네 앞을 지나 그레데 해안을 바람막이로 항해하여

8 간신히 그 연안을 지나 미항이라는 곳에 이르니 라새아 시에서 가깝더라

9 여러 날이 걸려 금식하는 절기가 이미 지났으므로 항해하기가 위태한지라 바울이 그들을 권하여

10 말하되 여러분이여 내가 보니 이번 항해가 하물과 배만 아니라 우리 생명에도 타격과 많은 손해를 끼치리라 하되

11 백부장이 선장과 선주의 말을 바울의 말보다 더 믿더라

12 그 항구가 겨울을 지내기에 불편하므로 거기서 떠나 아무쪼록 뵈닉스에 가서 겨울을 지내자 하는 자가 더 많으니 뵈닉스는 그레데 항구라 한쪽은 서남을, 한쪽은 서북을 향하였더라

13 남풍이 순하게 불매 그들이 뜻을 이룬 줄 알고 닻을 감아 그레데 해변을 끼고 항해하더니

14 얼마 안 되어 섬 가운데로부터 유라굴로라는 광풍이 크게 일어나니

15 배가 밀려 바람을 맞추어 갈 수 없어 가는 대로 두고 쫓겨가다가

16 가우다라는 작은 섬 아래로 지나 간신히 거루를 잡아

17 끌어 올리고 줄을 가지고 선체를 둘러 감고 1)스르디스에 걸릴까 두려워하여 연장을 내리고 그냥 쫓겨가더니

18 우리가 풍랑으로 심히 애쓰다가 이튿날 사공들이 짐을 바다에 풀어 버리고

19 사흘째 되는 날에 배의 기구를 그들의 손으로 내버리니라

20 여러 날 동안 해도 별도 보이지 아니하고 큰 풍랑이 그대로 있으매 구원의 여망마저 없어졌더라

21 여러 사람이 오래 먹지 못하였으매 바울이 가운데 서서 말하되 여러분이여 내 말을 듣고 그레데에서 떠나지 아니하여 이 타격과 손상을 면하였더라면 좋을 뻔하였느니라

22 내가 너희를 권하노니 이제는 안심하라 너희 중 아무도 생명에는 아무런 손상이 없겠고 오직 배뿐이리라

23 내가 속한 바 곧 내가 섬기는 하나님의 사자가 어제 밤에 내 곁에 서서 말하되

24 바울아 두려워하지 말라 네가 가이사 앞에 서야 하겠고 또 하나님께서 너와 함께 항해하는 자를 다 네게 주셨다 하였으니

25 그러므로 여러분이여 안심하라 나는 내게 말씀하신 그대로 되리라고 하나님을 믿노라

26 그런즉 우리가 반드시 한 섬에 걸리리라 하더라

풍랑으로 배가 깨어지다

27 열나흘째 되는 날 밤에 우리가 아드리아 바다에서 이리 저리 쫓겨가다가 자정쯤 되어 사공들이 어느 육지에 가까워지는 줄을 짐작하고

28 물을 재어 보니 스무 길이 되고 조금 가다가 다시 재니 열다섯 길이라

29 암초에 걸릴까 하여 고물로 닻 넷을 내리고 날이 새기를 고대하니라

30 사공들이 도망하고자 하여 이물에서 닻을 내리는 체하고 거룻배를 바다에 내려 놓거늘

31 바울이 백부장과 군인들에게 이르되 이 사람들이 배에 있지 아니하면 너희가 구원을 얻지 못하리라 하니

32 이에 군인들이 거룻줄을 끊어 떼어 버리니라

33 날이 새어 가매 바울이 여러 사람에게 음식 먹기를 권하여 이르되 너희가 기다리고 기다리며 먹지 못하고 주린 지가 오늘까지 열나흘인즉

34 음식 먹기를 권하노니 이것이 너희의 구원을 위하는 것이요 너희 중 머리카락 하나도 잃을 자가 없으리라 하고

35 떡을 가져다가 모든 사람 앞에서 하나님께 축사하고 떼어 먹기를 시작하매

36 그들도 다 안심하고 받아 먹으니

37 배에 있는 우리의 수는 전부 이백칠십육 명이더라

38 배부르게 먹고 밀을 바다에 버려 배를 가볍게 하였더니

39 날이 새매 어느 땅인지 알지 못하나 경사진 해안으로 된 항만이 눈에 띄거늘 배를 거기에 들여다 댈 수 있는가 의논한 후

40 닻을 끊어 바다에 버리는 동시에 키를 풀어 늦추고 돛을 달고 바람에 맞추어 해안을 향하여 들어가다가

41 두 물이 합하여 흐르는 곳을 만나 배를 걸매 이물은 부딪쳐 움직일 수 없이 붙고 고물은 큰 물결에 깨어져 가니

42 군인들은 죄수가 헤엄쳐서 도망할까 하여 그들을 죽이는 것이 좋다 하였으나

43 백부장이 바울을 구원하려 하여 그들의 뜻을 막고 헤엄칠 줄 아는 사람들을 명하여 물에 뛰어내려 먼저 육지에 나가게 하고

44 그 남은 사람들은 널조각 혹은 배 물건에 의지하여 나가게 하니 마침내 사람들이 다 상륙하여 구조되니라

멜리데 섬에 오르다

제28장
멜리데 섬에 오르다

1 우리가 구조된 후에 안즉 그 섬은 멜리데라 하더라

2 비가 오고 날이 차매 원주민들이 우리에게 특별한 동정을 하여 불을 피워 우리를 다 영접하더라

3 바울이 나무 한 묶음을 거두어 불에 넣으니 뜨거움으로 말미암아 독사가 나와 그 손을 물고 있는지라

4 원주민들이 이 짐승이 그 손에 매달려 있음을 보고 서로 말하되 진실로 이 사람은 살인한 자로다 바다에서는 구조를 받았으나 공의가 그를 살지 못하게 함이로다 하더니

5 바울이 그 짐승을 불에 떨어 버리매 조금도 상함이 없더라

6 그들은 그가 붓든지 혹은 갑자기 쓰러져 죽을 줄로 기다렸다가 오래 기다려도 그에게 아무 이상이 없음을 보고 돌이켜 생각하여 말하되 그를 신이라 하더라

7 이 섬에서 가장 높은 사람 보블리오라 하는 이가 그 근처에 토지가 있는지라 그가 우리를 영접하여 사흘이나 친절히 머물게 하더니

8 보블리오의 부친이 열병과 이질에 걸려 누워 있거늘 바울이 들어가서 기도하고 그에게 안수하여 낫게 하매

9 이러므로 섬 가운데 다른 병든 사람들이 와서 고침을 받고

10 후한 예로 우리를 대접하고 떠날 때에 우리 쓸 것을 배에 실었더라

바울이 로마로 가다

11 석 달 후에 우리가 그 섬에서 겨울을 난 알렉산드리아 배를 타고 떠나니 그 배의 머리 장식은 1)디오스구로라

PAUL'S VOYAGE TO ROME

12 수라구사에 대고 사흘을 있다가
13 거기서 둘러가서 레기온에 이르러 하루를 지낸 후 남풍이 일어나므로 이튿날 보디올에 이르러
14 거기서 형제들을 만나 그들의 청함을 받아 이레를 함께 머무니라 그래서 우리는 이와 같이 로마로 가니라
15 그 곳 형제들이 우리 소식을 듣고 압비오 광장과 2)트레이스 타베르네까지 맞으러 오니 바울이 그들을 보고 하나님께 감사하고 담대한 마음을 얻으니라

바울이 로마에서 전도하다

16 우리가 로마에 들어가니 바울에게는 자기를 지키는 한 군인과 함께 따로 있게 허락하더라
17 사흘 후에 바울이 유대인 중 높은 사람들을 청하여 그들이 모인 후에 이르되 여러분 형제들아 내가 이스라엘 백성이나 우리 조상의 관습을 배척한 일이 없는데 예루살렘에서 로마인의 손에 죄수로 내준 바 되었으니
18 로마인은 나를 심문하여 죽일 죄목이 없으므로 석방하려 하였으나
19 유대인들이 반대하기로 내가 마지 못하여 가이사에게 상소함이요 내 민족을 고발하려는 것이 아니니라
20 이러므로 너희를 보고 함께 이야기하려고 청하였으니 이스라엘의 소망으로 말미암아 내가 이 쇠사슬에 매인 바 되었노라
21 그들이 이르되 우리가 유대에서 네게 대한 편지도 받은 일이 없고 또 형제 중 누가 와서 네게 대하여 좋지 못한 것을 전하든지 이야기한 일도 없느니라
22 이에 우리가 너의 사상이 어떠한가 듣고자 하니 이 파에 대하여는 어디서든지 반대를 받는 줄 알기 때문이라 하더라
23 그들이 날짜를 정하고 그가 유숙하는 집에 많이 오니 바울이 아침부터 저녁까지 강론하여 하나님의 나라를 증언하고 모세의 율법과 선지자의 말을 가지고 예수에 대하여 권하더라
24 그 말을 믿는 사람도 있고 믿지 아니하는 사람도 있어
25 서로 맞지 아니하여 흩어질 때에 바울이 한 말로 이르되 성령이 선지자 이사야를 통하여 너희 조상들에게 말씀하신 것이 옳도다
26 일렀으되 ㄱ)이 백성에게 가서 말하기를 너희가 듣기는 들어도 도무지 깨닫지 못하며 보기는 보아도 도무지 알지 못하는도다
27 이 백성들의 마음이 우둔하여져서 그 귀로는 둔하게 듣고 그 눈은 감았으니 이는 눈으로 보고 귀로 듣고 마음으로 깨달아 돌아오면 내가 고쳐 줄까 함이라 하였으니
28 그런즉 하나님의 이 구원이 이방인에게로 보내어진 줄 알라 그들은 그것을 들으리라 하더라
29 3)(없음)
30 바울이 온 이태를 자기 셋집에 머물면서 자기에게 오는 사람을 다 영접하고
31 하나님의 나라를 전파하며 주 예수 그리스도에 관한 모든 것을 담대하게 거침없이 가르치더라

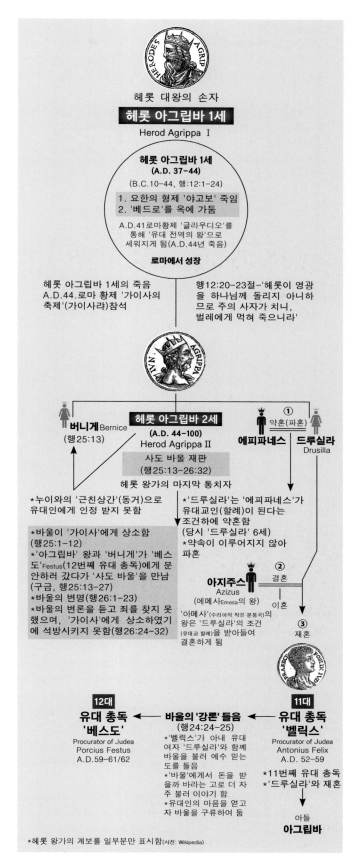

헤롯 대왕의 손자

헤롯 아그립바 1세
Herod Agrippa I

헤롯 아그립바 1세 (A.D. 37-44)
(B.C.10-44, 행:12:1-24)
1. 요한의 형제 '야고보' 죽임
2. '베드로'를 옥에 가둠
A.D.41로마황제 '글라우디오'를 통해 '유대 전역의 왕'으로 세워지게 됨(A.D.44년 죽음)
로마에서 성장

헤롯 아그립바 1세의 죽음
A.D.44.로마 황제 '가이사의 축제'(가이사랴)참석

행12:20-23절-'헤롯이 영광을 하나님께 돌리지 아니하므로 주의 사자가 치니, 벌레에게 먹혀 죽으니라'

헤롯 아그립바 2세 (A.D. 44-100)
Herod Agrippa II
사도 바울 재판
(행25:13-26:32)
헤롯 왕가의 마지막 통치자

버니게 Bernice
(행25:13)

약혼(파혼) ①
에피파네스 **드루실라** Drusilla

*누이와의 '근친상간'(동거)으로 유대인에게 인정 받지 못함

*'드루실라'는 '에피파네스'가 유대교인(할례)이 된다는 조건하에 약혼함
(당시 '드루실라' 6세)
*약속이 이루어지지 않아 파혼

*바울이 '가이사'에게 상소함
(행25:1-12)
*'아그립바' 왕과 '버니게'가 '베스도'Festus(12번째 유대 총독)에게 문안하러 갔다가 '사도 바울'을 만남
(구금, 행25:13-27)
*바울의 변명(행26:1-23)
*바울의 변론을 듣고 죄를 찾지 못했으며, '가이사'에게 상소하였기에 석방시키지 못함(행26:24-32)

결혼 ②
아지주스 Azizus
(에메사Emesa의 왕)
이혼
'아메사'(수리아의 작은 분봉국)의 왕은 '드루실라'의 조건(유대교 할례)을 받아들여 결혼하게 됨

③ 재혼

12대 유대 총독 '베스도'
Procurator of Judea
Porcius Festus
A.D.59-61/62

바울의 '강론' 들음
(행24:24-25)
*'벨릭스'가 아내 유대 여자 '드루실라'와 함께 바울을 불러 예수 믿는 도를 들음
*'바울'에게서 돈을 받을까 바라는 고로 더 자주 불러 이야기 함
*유대인의 마음을 얻고자 바울을 구류하여 둠

11대 유대 총독 '벨릭스'
Procurator of Judea
Antonius Felix
A.D. 52-59
*11번째 유대 총독
*'드루실라'와 재혼

아들
아그립바

*헤롯 왕가의 계보를 일부분만 표시함(사진: Wikipedia)

5 본문 말씀 읽기
【행27:1-28:31】

Chapter 27
Paul Is Taken to Rome

1 When it was time for us to sail to Rome, Captain Julius from the Emperor's special troops was put in charge of Paul and the other prisoners.

2 We went aboard a ship from Adramyttium that was about to sail to some ports along the coast of Asia. Aristarchus from Thessalonica in Macedonia sailed on the ship with us.

3 The next day we came to shore at Sidon. Captain Julius was very kind to Paul. He even let him visit his friends, so they could give him whatever he needed.

4 When we left Sidon, the winds were blowing against us, and we sailed close to the island of Cyprus to be safe from the wind.

5 Then we sailed south of Cilicia and Pamphylia until we came to the port of Myra in Lycia.

6 There the army captain found a ship from Alexandria that was going to Italy. So he ordered us to board that ship.

7 We sailed along slowly for several days and had a hard time reaching Cnidus. The wind would not let us go any farther in that direction, so we sailed past Cape Salmone, where the island of Crete would protect us from the wind.

8 We went slowly along the coast and finally reached a place called Fair Havens, not far from the town of Lasea.

9 By now we had already lost a lot of time, and sailing was no longer safe. In fact, even the Great Day of Forgiveness r) was past.

10 Then Paul spoke to the crew of the ship, "Men, listen to me! If we sail now, our ship and its cargo will be badly damaged, and many lives will be lost."

11 But Julius listened to the captain of the ship and its owner, rather than to Paul.

12 The harbor at Fair Havens wasn't a good place to spend the winter. Because of this, almost everyone agreed that we should at least try to sail along the coast of Crete as far as Phoenix. It had a harbor that opened toward the southwest and northwest, s) and we could spend the winter there.

The Storm at Sea

13 When a gentle wind from the south started blowing, the men thought it was a good time to do what they had planned. So they pulled up the anchor, and we sailed along the coast of Crete.

14 But soon a strong wind called "The Northeaster" blew against us from the island.

15 The wind struck the ship, and we could not sail against it. So we let the wind carry the ship.

16 We went along the island of Cauda on the side that was protected from the wind. We had a hard time holding the lifeboat in place,

17 but finally we got it where it belonged. Then the sailors wrapped ropes around the ship to hold it together. They lowered the sail and let the ship drift along, because they were afraid it might hit the sandbanks in the gulf of Syrtis.

18 The storm was so fierce that the next day they threw some of the ship's cargo overboard.

19 Then on the third day, with their bare hands they threw overboard some of the ship's gear.

20 For several days we could not see either the sun or the stars. A strong wind kept blowing, and we finally gave up all hope of being saved.

21 Since none of us had eaten anything for a long time, Paul stood up and told the men: You should have listened to me! If you had stayed on in Crete, you would not have had this damage and loss.

22 But now I beg you to cheer up, because you will be safe. Only the ship will be lost.

23 I belong to God, and I worship him. Last night he sent an angel

24 to tell me, "Paul, don't be afraid! You will stand trial before the Emperor. And because of you, God will save the lives of everyone on the ship."

25 Cheer up! I am sure that God will do exactly what he promised.

26 But we will first be shipwrecked on some island.

27 For fourteen days and nights we had been blown around over the Mediterranean Sea. But about midnight the sailors realized that we were getting near land.

28 They measured and found that the water was about one hundred twenty feet deep. A little later they measured again and found it was only about ninety feet.

29 The sailors were afraid that we might hit some rocks, and they let down four anchors from the back of the ship. Then they prayed for daylight.

30 The sailors wanted to escape from the ship. So they lowered the lifeboat into the water, pretending that they were letting down an anchor from the front of the ship.

31 But Paul said to Captain Julius and the soldiers, "If the sailors don't stay on the ship, you won't have any chance to save your lives."

32 The soldiers then cut the ropes that held the lifeboat and let it fall into the sea.

33 Just before daylight Paul begged the people to eat something. He told them, "For fourteen days you have been so worried that you haven't eaten a thing.

34 I beg you to eat something. Your lives depend on it. Do this and not one of you will be hurt."

35 After Paul had said this, he took a piece of bread and gave thanks to God. Then in front of everyone, he broke the bread and ate some.

36 They all felt encouraged, and each of them ate something.

37 There were 276 people on the ship,

38 and after everyone had eaten, they threw the cargo of wheat into the sea to make the ship lighter.

The Shipwreck

39 Morning came, and the ship's crew saw a coast that they did not recognize. But they did see a cove with a beach. So they decided to try to run the ship aground on the beach.

40 They cut the anchors loose and let them sink into the sea. At the same time they untied the ropes that were holding the rudders. Next, they raised the sail at the front of the ship and let the wind carry the ship toward the beach.

41 But it ran aground on a sandbank. The front of the ship stuck firmly in the sand, and the rear was being smashed by the force of the waves.

42 The soldiers decided to kill the prisoners to keep them from swimming away and escaping.

43 But Captain Julius wanted to save Paul's life, and he did not let the soldiers do what they had planned. Instead, he ordered everyone who could swim to dive into the water and head for shore.

44 Then he told the others to hold on to planks of wood or parts of the ship. At last, everyone safely reached shore.

Chapter 28
On the Island of Malta

1 When we came ashore, we learned that the island was called Malta.

2 The local people were very friendly, and they welcomed us by building a fire, because it was rainy and cold.

3 After Paul had gathered some wood and had put it on the fire, the heat caused a snake to crawl out, and it bit him on the hand.

4 When the local people saw the snake hanging from Paul's hand, they said to each other, "This man must be a murderer! He didn't drown in the sea, but the goddess of justice will kill him anyway."

5 Paul shook the snake off into the fire and wasn't harmed.

6 The people kept thinking that Paul would either swell up or suddenly drop dead. They watched him for a long time, and when nothing happened to him, they changed their minds and said, "This man is a god."

7 The governor of the island was named Publius, and he owned some of the land around there. Publius was very friendly and welcomed us into his home for three days.

8 His father was in bed, sick with fever and stomach trouble, and Paul went to visit him. Paul healed the man by praying and placing his hands on him.

9 After this happened, everyone on the island brought their sick people to Paul, and they were all healed.

10 The people were very respectful to us, and when we sailed, they gave us everything we needed.

From Malta to Rome

11 Three months later we sailed in a ship that had been docked at Malta for the winter. The ship was from Alexandria in Egypt and was known as "The Twin Gods." t)

12 We arrived in Syracuse and stayed for three days.

13 From there we sailed to Rhegium. The next day a south wind began to blow, and two days later we arrived in Puteoli.

14 There we found some of the Lord's followers, who begged us to stay with them. A week later we left for the city of Rome.

15 Some of the followers in Rome heard about us and came to meet us at the Market of Appius and at the Three Inns. When Paul saw them, he thanked God and was encouraged.

Paul in Rome

16 We arrived in Rome, and Paul was allowed to live in a house by himself with a soldier to guard him.

17 Three days after we got there, Paul called together some of the Jewish leaders and said: My friends, I have never done anything to hurt our people, and I have never gone against the customs of our ancestors. But in Jerusalem I was handed over as a prisoner to the Romans.

18 They looked into the charges against me and wanted to release me. They found that I had not done anything deserving death.

19 The Jewish leaders disagreed, so I asked to be tried by the Emperor. But I don't have anything to say against my own nation.

20 I am bound by these chains because of what we people of Israel hope for. That's why I have called you here to talk about this hope of ours.

21 The leaders replied, "No one from Judea has written us a letter about you. And not one of them has come here to report on you or to say anything against you.

22 But we would like to hear what you have to say. We understand that people everywhere are against this new group."

23 They agreed on a time to meet with Paul, and many of them came to his house. From early morning until late in the afternoon, Paul talked to them about God's kingdom. He used the Law of Moses and the Books of the Prophets u) to try to win them over to Jesus.

24 Some of the leaders agreed with what Paul said, but others did not.

25 Since they could not agree among themselves, they started leaving. But Paul said, "The Holy Spirit said the right thing when he sent Isaiah the prophet

26 to tell our ancestors, ⟨Go to these people and tell them: You will listen and listen, but never understand. You will look and look, but never see.

27 All of you have stubborn hearts. Your ears are stopped up, and your eyes are covered. You cannot see or hear or understand. If you could, you would turn to me, and I would heal you.⟩ "

28–29 Paul said, "You may be sure that God wants to save the Gentiles! And they will listen." v)

30 For two years Paul stayed in a rented house and welcomed everyone who came to see him.

31 He bravely preached about God's kingdom and taught about the Lord Jesus Christ, and no one tried to stop him.

참고 도서

성 경

『개역개정』,대한성서공회, 2004
『CEV』,Contemporary English Version, American Bible Society 1995

원 서

Brisco,Tomas V. HOLMAN BIBLE ATLAS : A Complete Guide to the Expansive
Geography of Bilical History. Nashvile : Broadman&Holman Publishers, 1998.
Aharoni, Youhanan and Michael Avi-Younah. The Macmillan Bible Atlas. Jerusalem :
The Macmillan Company, 1968.

부 록

부 록 Timeline of the Apostle Paul / Provinces of the Roman
　　추가 본문'바울의 예루살렘 방문(체포)과 재판'(행21:27-26:32)

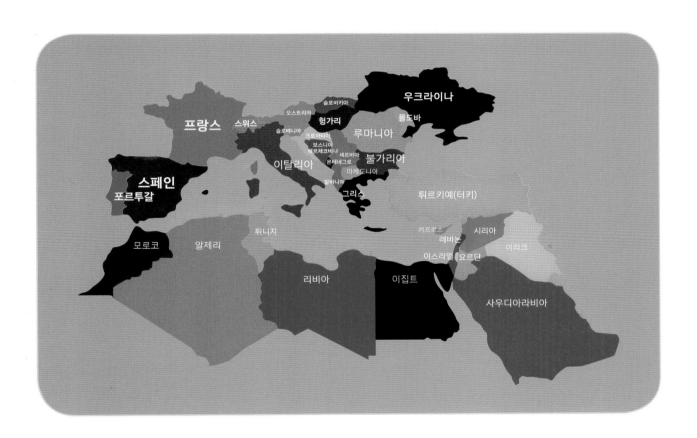

Timeline of the Apostle Paul

● '사도 바울'의 일생

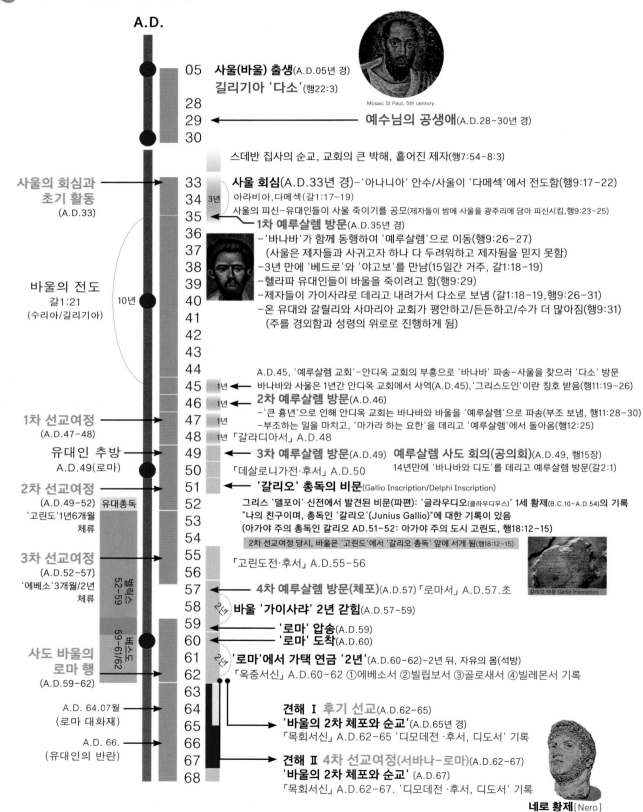

A.D.

Mosaic St Paul, 5th century.

05 — 사울(바울) 출생(A.D.05년 경)
길리기아 '다소'(행22:3)

28

29 ← 예수님의 공생애(A.D.28-30년 경)

30

스데반 집사의 순교, 교회의 큰 박해, 흩어진 제자(행7:54-8:3)

사울의 회심과 초기 활동 (A.D.33)

33 사울 회심(A.D.33년 경)-'아나니아' 안수/사울이 '다메섹'에서 전도함(행9:17-22)
34 3년 아라비아, 다메섹(갈1:17-19)
35 사울의 피신-유대인들이 사울 죽이기를 공모(제자들이 밤에 사울을 광주리에 담아 피신시킴,행9:23-25)
1차 예루살렘 방문(A.D.35년 경)
36 -'바나바'가 함께 동행하여 '예루살렘'으로 이동(행9:26-27)
37 (사울은 제자들과 사귀고자 하나 다 두려워하고 제자됨을 믿지 못함)
38 -3년 만에 '베드로'와 '야고보'를 만남(15일간 거주, 갈1:18-19)
39 -헬라파 유대인들이 바울을 죽이려고 함(행9:29)
40 -제자들이 가이사랴로 데리고 내려가서 다소로 보냄 (갈1:18-19,행9:26-31)
41 -온 유대와 갈릴리와 사마리아 교회가 평안하고/든든하고/수가 더 많아짐(행9:31)
(주를 경외함과 성령의 위로로 진행하게 됨)

바울의 전도 갈1:21 (수리아/길리기아) — 10년

42
43
44 A.D.45, '예루살렘 교회'-안디옥 교회의 부흥으로 '바나바' 파송-사울을 찾으러 '다소' 방문
45 1년 ← 바나바와 사울은 1년간 안디옥 교회에서 사역(A.D.45), '그리스도인'이란 칭호 받음(행11:19-26)
2차 예루살렘 방문(A.D.46)
46 1년 ← -'큰 흉년'으로 인해 안디옥 교회는 바나바와 바울을 '예루살렘'으로 파송(부조 보냄, 행11:28-30)
47 1년 -부조하는 일을 마치고, '마가라 하는 요한'을 데리고 '예루살렘'에서 돌아옴(행12:25)

1차 선교여정 (A.D.47-48)

48 1년 「갈라디아서」A.D.48

유대인 추방 A.D.49(로마)

49 ← 3차 예루살렘 방문(A.D.49) **예루살렘 사도 회의(공의회)**(A.D.49, 행15장)
14년만에 '바나바와 디도'를 데리고 예루살렘 방문(갈2:1)
50 「데살로니가전·후서」A.D.50

2차 선교여정 (A.D.49-52) '고린도'1년6개월 체류

51 ← '갈리오' 총독의 비문(Gallio Inscription/Delphi Inscription)
52 그리스 '델포이' 신전에서 발견된 비문(파편): '글라우디오'(클라우디우스) 1세 황제(B.C.10-A.D.54)의 기록
유대총독 "나의 친구이며, 총독인 '갈리오'(Junius Gallio)"에 대한 기록이 있음
53 (아가야 주의 총독인 갈리오 AD.51-52: 아가야 주의 도시 고린도, 행18:12-15)
54 2차 선교여정 당시, 바울은 '고린도'에서 '갈리오 총독' 앞에 서게 됨(행18:12-15)

3차 선교여정 (A.D.52-57) '에베소'3개월/2년 체류

55 「고린도전·후서」A.D.55-56
56
57 ← 4차 예루살렘 방문(체포)(A.D.57) 「로마서」A.D.57.초

갈리오 비문 Gallio Inscription

58 2년 바울 '가이사랴' 2년 갇힘(A.D.57-59)

벨릭스 52-59

59 ← '로마' 압송(A.D.59)
60 ← '로마' 도착(A.D.60)

베스도 59-61/62

사도 바울의 로마 행 (A.D.59-62)

61 2년 '로마'에서 가택 연금 '2년'(A.D.60-62)-2년 뒤, 자유의 몸(석방)
62 「옥중서신」A.D.60-62 ①에베소서 ②빌립보서 ③골로새서 ④빌레몬서 기록
63

A.D. 64.07월 (로마 대화재)

64 견해 Ⅰ 후기 선교(A.D.62-65)
65 ← '바울의 2차 체포와 순교'(A.D.65년 경)
「목회서신」A.D.62-65 '디모데전·후서, 디도서' 기록

A.D. 66. (유대인의 반란)

66
67 → 견해 Ⅱ 4차 선교여정(서바나-로마)(A.D.62-67)
'바울의 2차 체포와 순교' (A.D.67)
68 「목회서신」A.D.62-67. '디모데전·후서, 디도서' 기록

네로 황제[Nero]
A.D 54.10.13-68.6.9

본 교재는 바울의 순교를 A.D.65년 경으로 서술함(All dates are approximations)

Provinces of the Roman Empire

● '사도 바울'의 선교 여정과 로마 제국의 '행정 구역'

ITALIA '이달리야'	ACHAIA '아가야'	MACEDONIA '마게도냐'	GALATIA '갈라디아' ·북 갈라디아 ·남 갈라디아
•로마 Rome •폼페이 Pompeii •보디올 Puteoil •레기온 Rhegium	•아덴 Athens •고린도 Corinth •델포이 Delphi •올림피아 Olympia •스파르타 Sparta	•베뢰아 Beroea •데살로니가 Thessalonica •빌립보 Philippi •네압볼리 Neapolis •암비볼리 Amphipolis •아볼로니아 Apollonia	•실루기아 Seleucia •루스드라 Lystra •비시디아 Pisidia •이고니온 Iconium •파르나소스 Parnassus •타비움 Tavium •안키라 Ancyra

ASIA '아시아'	SYRIA '수리아'	CILICIA '길리기아'	CYRENAICA '키레나이카'
•에베소 Ephesus •서머나 Smyrna •버가모 Pergamum •두아디라 Thyatira •사데 Sardis •빌라델비아 Philadelphia •라오디게아 Laodicea •아드라뭇데노 Adramyttium	•안디옥 Antioch •시돈 Sidon	•다소 Tarsus	•구레네 Cyrene

EGYPT '이집트'	THRACE '드라게'	BITHYNIA & PONTUS '비두니아 & 본도'
•알렉산드리아 Alexandria •멤피스 Memphis	•비잔티움 Byzantium	•시노프 Sinop

Sicily '시실리야'	Crete '그레데'	Cyprus '구브로'	LYCIA '루기아'	PAMPHYLIA '밤빌리아'
•수라구사 Syracuse •메사나 Messana	•살모네 Salmone •미항 Fair Havens •뵈닉스 Phoenix	•바보 Paphos •살라미 Salamis	•무라 Myra	•앗달리아 Attalia

추가 본문 말씀 읽기 Ⅰ
【행21:27-26:32】

바울의 예루살렘 방문(체포)과 재판

3차 선교여정
(A.D.52-57)

예루살렘

4차 예루살렘 방문(체포)(A.D.57)
(행21:27-36)

'바울'이 백성에게 설교하다
(행21:37-22:21)

'로마 시민권'과 바울
(행22:22-29)

'공회' 앞에서의 증언
(행22:30-23:11)

'바울'을 죽이려는 음모(간계)
(행23:12-23:22)

'가이사랴'로 바울 호송
(행23:23-35)

안디바드리 도착
(행23:31)

가이사랴

'바울'은 '가이사랴'에 도착
(행23:33)

바울-'벨릭스' 앞에서 재판 받다
(행24:1-27)

'바울'을 고발하다
(행24:1-9)

'바울'이 변명하다
(행24:10-23)

'바울'이 감옥에 갇혀 지내다
(행24:24-27)

'가이사랴' 갇힘
(A.D.57-59)

2년
행24:27

바울-'베스도' 앞에서 재판 받다
(행25:1-12)

'바울'은 '가이사'에게 상소하다
(행25:1-12)

'베스도'가 '아그립바 왕'과 상의하다
(행25:13-22)

'아그립바 왕' 앞에서의 '바울'
(행25:23-27)

'바울'이 변명하다
(행26:1-23)

'바울'이 '아그립바 왕'에게 전도하다
(행26:24-32)

사도 바울의 로마 행
(A.D.59-62)

'바울'은 '로마'로 호송 됨
(행27:1-28:31)

제 21 장
27 그 이레가 거의 차매 아시아로부터 온 유대인들이 성전에서 바울을 보고 모든 무리를 충동하여 그를 붙들고
28 외치되 이스라엘 사람들아 도우라 이 사람은 각처에서 우리 백성과 율법과 이 곳을 비방하여 모든 사람을 가르치는 그 자인데 또 헬라인을 데리고 성전에 들어가서 이 거룩한 곳을 더럽혔다 하니
29 이는 그들이 전에 에베소 사람 드로비모가 바울과 함께 시내에 있음을 보고 바울이 그를 성전에 데리고 들어간 줄로 생각함이러라
30 온 성이 소동하여 백성이 달려와 모여 바울을 잡아 성전 밖으로 끌고 나가니 문들이 곧 닫히더라
31 그들이 그를 죽이려 할 때에 온 예루살렘이 요란하다는 소문이 군대의 천부장에게 들리매
32 그가 급히 군인들과 백부장들을 거느리고 달려 내려가니 그들이 천부장과 군인들을 보고 바울 치기를 그치는지라
33 이에 천부장이 가까이 가서 바울을 잡아 두 쇠사슬로 결박하라 명하고 그가 누구이며 그가 무슨 일을 하였느냐 물으니
34 무리 가운데서 어떤 이는 이런 말로, 어떤 이는 저런 말로 소리 치거늘 천부장이 소동으로 말미암아 진상을 알 수 없어 그를 영내로 데려가라 명하니라
35 바울이 층대에 이를 때에 무리의 폭행으로 말미암아 군사들에게 들려가니
36 이는 백성의 무리가 그를 없이하자고 외치며 따라 감이러라

바울이 백성에게 말하다
37 바울을 데리고 영내로 들어가려 할 그 때에 바울이 천부장에게 이르되 내가 당신에게 말할 수 있느냐 이르되 네가 헬라 말을 아느냐
38 그러면 네가 이전에 소요를 일으켜 자객 사천 명을 거느리고 광야로 가던 애굽인이 아니냐
39 바울이 이르되 나는 유대인이라 소읍이 아닌 길리기아 다소 시의 시민이니 청컨대 백성에게 말하기를 허락하라 하니
40 천부장이 허락하거늘 바울이 층대 위에 서서 백성에게 손짓하여 매우 조용히 한 후에 히브리 말로 말하니라

제 22 장
1 부형들아 내가 지금 여러분 앞에서 변명하는 말을 들으라 바울이 변명하다
2 그들이 그가 히브리 말로 말함을 듣고 더욱 조용한지라 이어 이르되
3 나는 유대인으로 길리기아 다소에서 났고 이 성에서 자라 가말리엘의 문하에서 우리 조상들의 율법의 엄한 교훈을 받았고 오늘 너희 모든 사람처럼 하나님께 대하여 열심이 있는 자라
4 내가 이 도를 박해하여 사람을 죽이기까지 하고 남녀를 결박하여 옥에 넘겼노니
5 이에 대제사장과 모든 장로들이 내 증인이라 또 내가 그들에게서 다메섹 형제들에게 가는 공문을 받아 가지고 거기 있는 자들도 결박하여 예루살렘으로 끌어다가 형벌 받게 하려고 가더니
6 가는 중 다메섹에 가까이 갔을 때에 오정쯤 되어 홀연히 하늘로부터 큰 빛이 나를 둘러 비치매
7 내가 땅에 엎드러져 들으니 소리 있어 이르되 사울아 사울아 네가 왜 나를 박해하느냐 하시거늘
8 내가 대답하되 주님 누구시니이까 하니 이르시되 나는 네가 박해하는 나사렛 예수라 하시더라
9 나와 함께 있는 사람들이 빛은 보면서도 나에게 말씀하시는 이의 소리는 듣지 못하더라
10 내가 이르되 주님 무엇을 하리이까 주께서 이르시되 일어

48

나 다메섹으로 들어가라 네가 해야 할 모든 것을 거기서 누가 이르리라 하시거늘

11 나는 그 빛의 광채로 말미암아 볼 수 없게 되었으므로 나와 함께 있는 사람들의 손에 끌려 다메섹에 들어갔노라

12 율법에 따라 경건한 사람으로 거기 사는 모든 유대인들에게 칭찬을 듣는 아나니아라 하는 이가

13 내게 와 곁에 서서 말하되 형제 사울아 1)다시 보라 하거늘 즉시 그를 쳐다보았노라

14 그가 또 이르되 우리 조상들의 하나님이 너를 택하여 너로 하여금 자기 뜻을 알게 하시며 그 의인을 보게 하시고 그 입에서 나오는 음성을 듣게 하셨으니

15 네가 그를 위하여 모든 사람 앞에서 네가 보고 들은 것에 증인이 되리라

16 이제는 왜 주저하느냐 일어나 주의 이름을 불러 2)세례를 받고 너의 죄를 씻으라 하더라

17 후에 내가 예루살렘으로 돌아와서 성전에서 기도할 때에 황홀한 중에

18 보매 주께서 내게 말씀하시되 속히 예루살렘에서 나가라 그들은 네가 내게 대하여 증언하는 말을 듣지 아니하리라 하시거늘

19 내가 말하기를 주님 내가 주를 믿는 사람들을 가두고 또 각 회당에서 때리고

20 또 주의 증인 스데반이 피를 흘릴 때에 내가 곁에 서서 찬성하고 그 죽이는 사람들의 옷을 지킨 줄 그들도 아나이다

21 나더러 또 이르시되 떠나가라 내가 너를 멀리 이방인에게로 보내리라 하셨느니라

22 이 말하는 것까지 그들이 듣다가 소리 질러 이르되 이러한 자는 세상에서 없애 버리자 살려 둘 자가 아니라 하여

23 떠들며 옷을 벗어 던지고 티끌을 공중에 날리니

24 천부장이 바울을 영내로 데려가라 명하고 그들이 무슨 일로 그에 대하여 떠드는지 알고자 하여 채찍질하며 심문하라 한대

25 가죽 줄로 바울을 매니 바울이 곁에 서 있는 백부장더러 이르되 너희가 로마 시민 된 자를 죄도 정하지 아니하고 채찍질할 수 있느냐 하니

26 백부장이 듣고 가서 천부장에게 전하여 이르되 어찌하려 하느냐 이는 로마 시민이라 하니

27 천부장이 와서 바울에게 말하되 네가 로마 시민이냐 내게 말하라 이르되 그러하다

28 천부장이 대답하되 나는 돈을 많이 들여 이 시민권을 얻었노라 바울이 이르되 나는 나면서부터라 하니

29 심문하려던 사람들이 곧 그에게서 물러가고 천부장도 그가 로마 시민인 줄 알고 또 그 결박한 것 때문에 두려워하니라

바울이 공회 앞에서 증언하다

30 이튿날 천부장은 유대인들이 무슨 일로 그를 고발하는지 진상을 알고자 하여 그 결박을 풀고 명하여 제사장들과 온 공회를 모으고 바울을 데리고 내려가서 그들 앞에 세우니라

제 23 장

1 바울이 공회를 주목하여 이르되 여러분 형제들아 오늘까지 나는 범사에 양심을 따라 1)하나님을 섬겼노라 하거늘

2 대제사장 아나니아가 바울 곁에 서 있는 사람들에게 그 입을 치라 명하니

3 바울이 이르되 회칠한 담이여 하나님이 너를 치시리로다 네가 나를 율법대로 심판한다고 앉아서 율법을 어기고 나를 치라 하느냐 하니

4 곁에 선 사람들이 말하되 하나님의 대제사장을 네가 욕하느냐

5 바울이 이르되 형제들아 나는 그가 대제사장인 줄 알지 못하였노라 기록하였으되 ㄱ)너의 백성의 관리를 비방하지 말라 하였느니라 하더라

6 바울이 그 중 일부는 사두개인이요 다른 일부는 바리새인인 줄 알고 공회에서 외쳐 이르되 여러분 형제들아 나는 바리새인이요 또 바리새인의 아들이라 죽은 자의 소망 곧 부활로 말미암아 내가 심문을 받노라

7 그 말을 한즉 바리새인과 사두개인 사이에 다툼이 생겨 무리가 나누어지니

8 이는 사두개인은 부활도 없고 천사도 없고 영도 없다 하고 바리새인은 다 있다 함이라

9 크게 떠들새 바리새인 편에서 몇 서기관이 일어나 다투어 이르되 우리가 이 사람을 보니 악한 것이 없도다 혹 영이나 혹 천사가 그에게 말하였으면 어찌 하겠느냐 하여

10 큰 분쟁이 생기니 천부장은 바울이 그들에게 찢겨질까 하여 군인을 명하여 내려가 무리 가운데서 빼앗아 가지고 영내로 들어가라 하니라

11 그 날 밤에 주께서 바울 곁에 서서 이르시되 담대하라 네가 예루살렘에서 나의 일을 증언한 것 같이 로마에서도 증언하여야 하리라 하시니라

바울을 죽이려는 간계

12 날이 새매 유대인들이 당을 지어 맹세하되 바울을 죽이기 전에는 먹지도 아니하고 마시지도 아니하겠다 하고

13 이같이 동맹한 자가 사십여 명이더라

14 대제사장들과 장로들에게 가서 말하되 우리가 바울을 죽이기 전에는 아무 것도 먹지 않기로 굳게 맹세하였으니

15 이제 너희는 그의 사실을 더 자세히 물어보려는 척하면서 공회와 함께 천부장에게 청하여 바울을 너희에게로 데리고 내려오게 하라 우리는 그가 가까이 오기 전에 죽이기로 준비하였노라 하더니

16 바울의 생질이 그들이 매복하여 있다 함을 듣고 와서 영내에 들어가 바울에게 알린지라

17 바울이 한 백부장을 청하여 이르되 이 청년을 천부장에게로 인도하라 그에게 무슨 할 말이 있다 하니

18 천부장에게로 데리고 가서 이르되 죄수 바울이 나를 불러 이 청년이 당신께 할 말이 있다 하여 데리고 가기를 청하더이다 하매

19 천부장이 그의 손을 잡고 물러가서 조용히 묻되 내게 할 말이 무엇이냐

20 대답하되 유대인들이 공모하기를 그들이 바울에 대하여 더 자세한 것을 묻기 위함이라 하고 내일 그를 데리고 공회로 내려오기를 당신께 청하자 하였으니

21 당신은 그들의 청함을 따르지 마옵소서 그들 중에서 바울을 죽이기 전에는 먹지도 않고 마시지도 않기로 맹세한 자 사십여 명이 그를 죽이려고 숨어서 지금 다 준비하고 당신의 허락만 기다리나이다 하니

22 이에 천부장이 청년을 보내며 경계하되 이 일을 내게 알렸다고 아무에게도 이르지 말라 하고

23 백부장 둘을 불러 이르되 밤 제 삼 시에 가이사랴까지 갈 보병 이백 명과 기병 칠십 명과 창병 이백 명을 준비하라 하고

24 또 바울을 태워 총독 벨릭스에게로 무사히 보내기 위하여 짐승을 준비하라 명하며

25 또 이 아래와 같이 편지하니 일렀으되

26 글라우디오 루시아는 총독 벨릭스 각하께 문안하나이다

27 이 사람이 유대인들에게 잡혀 죽게 된 것을 내가 로마 사람인 줄 들어 알고 군대를 거느리고 가서 구원하여다가

28 유대인들이 무슨 일로 그를 고발하는지 알고자 하여 그들의 공회로 데리고 내려갔더니

29 고발하는 것이 그들의 율법 문제에 관한 것뿐이요 한 가지도 죽이거나 결박할 사유가 없음을 발견하였나이다

30 그러나 이 사람을 해하려는 간계가 있다고 누가 내게 알려 주기로 곧 당신께로 보내며 또 고발하는 사람들도 당신 앞에서 그에 대하여 말하라 하였나이다 하였더라

바울을 벨릭스 총독 앞에 세우다

31 보병이 명을 받은 대로 밤에 바울을 데리고 안디바드리에 이르러
32 이튿날 기병으로 바울을 호송하게 하고 영내로 돌아가니라
33 그들이 가이사랴에 들어가서 편지를 총독에게 드리고 바울을 그 앞에 세우니
34 총독이 읽고 바울더러 어느 영지 사람이냐 물어 길리기아 사람인 줄 알고
35 이르되 너를 고발하는 사람들이 오거든 네 말을 들으리라 하고 헤롯 궁에 그를 지키라 명하니라

제 24 장
바울을 고발하다

1 닷새 후에 대제사장 아나니아가 어떤 장로들과 한 변호사 더둘로와 함께 내려와서 총독 앞에서 바울을 고발하니라
2 바울을 부르매 더둘로가 고발하여 이르되
3 벨릭스 각하여 우리가 당신을 힘입어 태평을 누리고 또 이 민족이 당신의 선견으로 말미암아 여러 가지로 개선된 것을 우리가 어느 모양으로나 어느 곳에서나 크게 감사하나이다
4 당신을 더 괴롭게 아니하려 하여 우리가 대강 여짜옵나니 관용하여 들으시기를 원하나이다
5 우리가 보니 이 사람은 전염병 같은 자라 천하에 흩어진 유대인을 다 소요하게 하는 자요 나사렛 이단의 우두머리라
6 그가 또 성전을 더럽게 하려 하므로 우리가 잡았사오니 1) (6하반-8상반 없음)
8 당신이 친히 그를 심문하시면 우리가 고발하는 이 모든 일을 아실 수 있나이다 하니
9 유대인들도 이에 참가하여 이 말이 옳다 주장하니라

바울이 변명하다

10 총독이 바울에게 머리로 표시하여 말하라 하니 그가 대답하되 당신이 여러 해 전부터 이 민족의 재판장 된 것을 내가 알고 내 사건에 대하여 기꺼이 변명하나이다
11 당신이 아실 수 있는 바와 같이 내가 예루살렘에 예배하러 올라간 지 열이틀밖에 안 되었고
12 그들은 내가 성전에서 누구와 변론하는 것이나 회당 또는 시중에서 무리를 소동하게 하는 것을 보지 못하였으니
13 이제 나를 고발하는 모든 일에 대하여 그들이 능히 당신 앞에 내세울 것이 없나이다
14 그러나 이것을 당신께 고백하리이다 나는 그들이 이단이라 하는 도를 따라 조상의 하나님을 섬기고 율법과 선지자들의 글에 기록된 것을 다 믿으며
15 그들이 기다리는 바 하나님께 향한 소망을 나도 가졌으니 곧 의인과 악인의 부활이 있으리라 함이니이다
16 이것으로 말미암아 나도 하나님과 사람에 대하여 항상 양심에 거리낌이 없기를 힘쓰나이다
17 여러 해 만에 내가 내 민족을 구제할 것과 제물을 가지고 와서
18 드리는 중에 내가 결례를 행하였고 모임도 없고 소동도 없이 성전에 있는 것을 그들이 보았나이다 그러나 아시아로부터 온 어떤 유대인들이 있었으니
19 그들이 만일 나를 반대할 사건이 있으면 마땅히 당신 앞에 와서 고발하였을 것이요
20 그렇지 않으면 이 사람들이 내가 공회 앞에 섰을 때에 무슨 옳지 않은 것을 보았는가 말하라 하소서
21 오직 내가 그들 가운데 서서 외치기를 내가 죽은 자의 부활에 대하여 오늘 너희 앞에 심문을 받는다고 한 이 한 소리만 있을 따름이니이다 하니
22 벨릭스가 이 도에 관한 것을 더 자세히 아는 고로 연기하여 이르되 천부장 루시아가 내려오거든 너희 일을 처결하리라 하고
23 백부장에게 명하여 바울을 지키되 자유를 주고 그의 친구들이 그를 돌보아 주는 것을 금하지 말라 하니라

바울이 감옥에 갇혀 지내다

24 수일 후에 벨릭스가 그 아내 유대 여자 드루실라와 함께 와서 바울을 불러 그리스도 예수 믿는 도를 듣거늘
25 바울이 의와 절제와 장차 오는 심판을 강론하니 벨릭스가 두려워하여 대답하되 지금은 가라 내가 틈이 있으면 너를 부르리라 하고
26 동시에 또 바울에게서 돈을 받을까 바라는 고로 더 자주 불러 같이 이야기하더라
27 이태가 지난 후 보르기오 베스도가 벨릭스의 소임을 이어받으니 벨릭스가 유대인의 마음을 얻고자 하여 바울을 구류하여 두니라

제 25 장
바울이 가이사에게 상소하다

1 베스도가 부임한 지 삼 일 후에 가이사랴에서 예루살렘으로 올라가니
2 대제사장들과 유대인 중 높은 사람들이 바울을 고소할새
3 베스도의 호의로 바울을 예루살렘으로 옮기기를 청하니 이는 길에 매복하였다가 그를 죽이고자 함이더라
4 베스도가 대답하여 바울이 가이사랴에 구류된 것과 자기도 멀지 않아 떠나갈 것을 말하고
5 또 이르되 너희 중 유력한 자들은 나와 함께 내려가서 그 사람에게 만일 옳지 아니한 일이 있거든 고발하라 하니라
6 베스도가 그들 가운데서 팔 일 혹은 십 일을 지낸 후 가이사랴로 내려가서 이튿날 재판 자리에 앉고 바울을 데려오라 명하니
7 그가 나오매 예루살렘에서 내려온 유대인들이 둘러서서 여러 가지 중대한 사건으로 고발하되 능히 증거를 대지 못한지라
8 바울이 변명하여 이르되 유대인의 율법이나 성전이나 가이사에게나 내가 도무지 죄를 범하지 아니하였노라 하니
9 베스도가 유대인의 마음을 얻고자 하여 바울더러 묻되 네가 예루살렘에 올라가서 이 사건에 대하여 내 앞에서 심문을 받으려느냐
10 바울이 이르되 내가 가이사의 재판 자리 앞에 섰으니 마땅히 거기서 심문을 받을 것이라 당신도 잘 아시는 바와 같이 내가 유대인들에게 불의를 행한 일이 없나이다
11 만일 내가 불의를 행하여 무슨 죽을 죄를 지었으면 죽기를 사양하지 아니할 것이나 만일 이 사람들이 나를 고발하는 것이 다 사실이 아니면 아무도 나를 그들에게 내줄 수 없나이다 내가 가이사께 상소하노라 한대
12 베스도가 배석자들과 상의하고 이르되 네가 가이사에게 상소하였으니 가이사에게 갈 것이라 하니라

바울이 아그립바 왕과 버니게 앞에 서다

13 수일 후에 아그립바 왕과 버니게가 베스도에게 문안하러 가이사랴에 와서
14 여러 날을 있더니 베스도가 바울의 일로 왕에게 고하여 이르되 벨릭스가 한 사람을 구류하여 두었는데
15 내가 예루살렘에 있을 때에 유대인의 대제사장들과 장로들이 그를 고소하여 정죄하기를 청하기에
16 내가 대답하되 무릇 피고가 원고들 앞에서 고소 사건에 대하여 변명할 기회가 있기 전에 내주는 것은 로마 사람의 법이 아니라 하였노라

17 그러므로 그들이 나와 함께 여기 오매 내가 지체하지 아니하고 이튿날 재판 자리에 앉아 명하여 그 사람을 데려왔으나
18 원고들이 서서 내가 짐작하던 것 같은 악행의 혐의는 하나도 제시하지 아니하고
19 오직 자기들의 종교와 또는 예수라 하는 이가 죽은 것을 살아 있다고 바울이 주장하는 그 일에 관한 문제로 고발하는 것뿐이라
20 내가 이 일에 대하여 어떻게 심리할는지 몰라서 바울에게 묻되 예루살렘에 올라가서 이 일에 심문을 받으려느냐 한즉
21 바울은 황제의 판결을 받도록 자기를 지켜 주기를 호소하므로 내가 그를 가이사에게 보내기까지 지켜 두라 명하였노라 하니
22 아그립바가 베스도에게 이르되 나도 이 사람의 말을 듣고자 하노라 베스도가 이르되 내일 들으시리이다 하더라
23 이튿날 아그립바와 버니게가 크게 위엄을 갖추고 와서 천부장들과 시중의 높은 사람들과 함께 접견 장소에 들어오고 베스도의 명으로 바울을 데려오니
24 베스도가 말하되 아그립바 왕과 여기 같이 있는 여러분이여 당신들이 보는 이 사람은 유대의 모든 무리가 크게 외치되 살려 두지 못할 사람이라고 하여 예루살렘에서와 여기서도 내게 청원하였으나
25 내가 살피건대 죽일 죄를 범한 일이 없더이다 그러나 그가 1)황제에게 상소한 고로 보내기로 결정하였나이다
26 그에 대하여 황제께 확실한 사실을 아뢸 것이 없으므로 심문한 후 상소할 자료가 있을까 하여 당신들 앞 특히 아그립바 왕 당신 앞에 그를 내세웠나이다
27 그 죄목도 밝히지 아니하고 죄수를 보내는 것이 무리한 일인 줄 아나이다 하였더라

제 26 장
바울이 변명하다
1 아그립바가 바울에게 이르되 너를 위하여 말하기를 네게 허락하노라 하니 이에 바울이 손을 들어 변명하되
2 아그립바 왕이여 유대인이 고발하는 모든 일을 오늘 당신 앞에서 변명하게 된 것을 다행히 여기나이다
3 특히 당신이 유대인의 모든 풍속과 문제를 아심이니이다 그러므로 내 말을 너그러이 들으시기를 바라나이다
4 내가 처음부터 내 민족과 더불어 예루살렘에서 젊었을 때 생활한 상황을 유대인이 다 아는 바라
5 일찍부터 나를 알았으니 그들이 증언하려 하면 내가 우리 종교의 가장 엄한 파를 따라 바리새인의 생활을 하였다고 할 것이라
6 이제도 여기 서서 심문 받는 것은 하나님이 우리 조상에게 약속하신 것을 바라는 까닭이니
7 이 약속은 우리 열두 지파가 밤낮으로 간절히 하나님을 받들어 섬김으로 얻기를 바라는 바인데 아그립바 왕이여 이 소망으로 말미암아 내가 유대인들에게 고소를 당하는 것이니이다
8 당신들은 하나님이 죽은 사람을 살리심을 어찌하여 못 믿을 것으로 여기나이까
9 나도 나사렛 예수의 이름을 대적하여 많은 일을 행하여야 될 줄 스스로 생각하고
10 예루살렘에서 이런 일을 행하여 대제사장들에게서 권한을 받아 가지고 많은 성도를 옥에 가두며 또 죽일 때에 내가 찬성 투표를 하였고
11 또 모든 회당에서 여러 번 형벌하여 강제로 모독하는 말을 하게 하고 그들에 대하여 심히 격분하여 외국 성에까지 가서 박해하였고
12 그 일로 대제사장들의 권한과 위임을 받고 다메섹으로 갔나이다
13 왕이여 정오가 되어 길에서 보니 하늘로부터 해보다 더 밝은 빛이 나와 내 동행들을 둘러 비추는지라

14 우리가 다 땅에 엎드러지매 내가 소리를 들으니 히브리 말로 이르되 사울아 사울아 네가 어찌하여 나를 박해하느냐 1)가시채를 뒷발질하기가 네게 고생이니라
15 내가 대답하되 주님 누구시니이까 주께서 이르시되 나는 네가 박해하는 예수라
16 일어나 너의 발로 서라 내가 네게 나타난 것은 곧 네가 나를 본 일과 장차 내가 네게 나타날 일에 너로 종과 증인을 삼으려 함이니
17 이스라엘과 이방인들에게서 내가 너를 구원하여 그들에게 보내어
18 그 눈을 뜨게 하여 어둠에서 빛으로, 사탄의 권세에서 하나님께로 돌아오게 하고 죄 사함과 나를 믿어 거룩하게 된 무리 가운데서 기업을 얻게 하리라 하더이다
19 아그립바 왕이여 그러므로 하늘에서 보이신 것을 내가 거스르지 아니하고
20 먼저 다메섹과 예루살렘에 있는 사람과 유대 온 땅과 이방인에게까지 회개하고 하나님께로 돌아와서 회개에 합당한 일을 하라 전하므로
21 유대인들이 성전에서 나를 잡아 죽이고자 하였으나
22 하나님의 도우심을 받아 내가 오늘까지 서서 높고 낮은 사람 앞에서 증언하는 것은 선지자들과 모세가 반드시 되리라고 말한 것밖에 없으니
23 곧 그리스도가 고난을 받으실 것과 죽은 자 가운데서 먼저 다시 살아나사 이스라엘과 이방인들에게 빛을 전하시리라 함이니이다 하니라

바울이 아그립바 왕에게 전도하다
24 바울이 이같이 변명하매 베스도가 크게 소리 내어 이르되 바울아 네가 미쳤도다 네 많은 학문이 너를 미치게 한다 하니
25 바울이 이르되 베스도 각하여 내가 미친 것이 아니요 참되고 온전한 말을 하나이다
26 왕께서는 이 일을 아시기로 내가 왕께 담대히 말하노니 이 일에 하나라도 아시지 못함이 없는 줄 믿나이다 이 일은 한쪽 구석에서 행한 것이 아니니이다
27 아그립바 왕이여 선지자를 믿으시나이까 믿으시는 줄 아나이다
28 아그립바가 바울에게 이르되 네가 2)적은 말로 나를 권하여 그리스도인이 되게 하려 하는도다
29 바울이 이르되 3)말이 적으나 많으나 당신뿐만 아니라 오늘 내 말을 듣는 모든 사람도 다 이렇게 결박된 것 외에는 나와 같이 되기를 하나님께 원하나이다 하니라
30 왕과 총독과 버니게와 그 함께 앉은 사람들이 다 일어나서
31 물러가 서로 말하되 이 사람은 사형이나 결박을 당할 만한 행위가 없다 하더라
32 이에 아그립바가 베스도에게 이르되 이 사람이 만일 가이사에게 상소하지 아니하였더라면 석방될 수 있을 뻔하였다 하니라

추가 본문 말씀 읽기 Ⅲ
【행21:27-26:32】

Chapter 27
Paul Is Arrested

27 When the period of seven days for the ceremony was almost over, some of the Jewish people from Asia saw Paul in the temple. They got a large crowd together and started attacking him.

28 They were shouting, "Friends, help us! This man goes around everywhere, saying bad things about our nation and about the Law of Moses and about this temple. He has even brought shame to this holy temple by bringing in Gentiles."

29 Some of them thought that Paul had brought Trophimus from Ephesus into the temple, because they had seen them together in the city.

30 The whole city was in an uproar, and the people turned into a mob. They grabbed Paul and dragged him out of the temple. Then suddenly the doors were shut.

31 The people were about to kill Paul when the Roman army commander heard that all Jerusalem was starting to riot.

32 So he quickly took some soldiers and officers and ran to where the crowd had gathered.

As soon as the mob saw the commander and soldiers, they stopped beating Paul.

33 The army commander went over and arrested him and had him bound with two chains. Then he tried to find out who Paul was and what he had done.

34 Part of the crowd shouted one thing, and part of them shouted something else. But they were making so much noise that the commander could not find out a thing. Then he ordered Paul to be taken into the fortress.

35 As they reached the steps, the crowd became so wild that the soldiers had to lift Paul up and carry him.

36 The crowd followed and kept shouting, "Kill him! Kill him!"

Paul Speaks to the Crowd

37 When Paul was about to be taken into the fortress, he asked the commander, "Can I say something to you?"

"How do you know Greek?" the commander asked.

38 "Aren't you that Egyptian who started a riot not long ago and led four thousand terrorists into the desert?"

39 "No!" Paul replied. "I am a Jew from Tarsus, an important city in Cilicia. Please let me speak to the crowd."

40 The commander told him he could speak, so Paul stood on the steps and motioned to the people. When they were quiet, he spoke to them in Aramaic:

Chapter 22

1 "My friends and leaders of our nation, listen as I explain what happened!"

2 When the crowd heard Paul speak to them in Aramaic, they became even quieter. Then Paul said:

3 I am a Jew, born and raised in the city of Tarsus in Cilicia. I was a student of Gamaliel and was taught to follow every single law of our ancestors. In fact, I was just as eager to obey God as any of you are today.

4 I made trouble for everyone who followed the Lord's Way, h) and I even had some of them killed. I had others arrested and put in jail. I didn't care if they were men or women.

5 The high priest and all the council members can tell you that this is true. They even gave me letters to the Jewish leaders in Damascus, so that I could arrest people there and bring them to Jerusalem to be punished.

6 One day about noon I was getting close to Damascus, when a bright light from heaven suddenly flashed around me.

7 I fell to the ground and heard a voice asking, "Saul, Saul, why are you so cruel to me?"

8 "Who are you?" I answered. The Lord replied, "I am Jesus from Nazareth! I am the one you are so cruel to."

9 The men who were traveling with me saw the light, but did not hear the voice.

10 I asked, "Lord, what do you want me to do?" Then he told me, "Get up and go to Damascus. When you get there, you will be told what to do."

11 The light had been so bright that I couldn't see. And the other men had to lead me by the hand to Damascus.

12 In that city there was a man named Ananias, who faithfully obeyed the Law of Moses and was well liked by all the Jewish people living there.

13 He came to me and said, "Saul, my friend, you can now see again!" At once I could see.

14 Then Ananias told me, "The God that our ancestors worshiped has chosen you to know what he wants done. He has chosen you to see the One Who Obeys God i) and to hear his voice.

15 You must tell everyone what you have seen and heard.

16 What are you waiting for? Get up! Be baptized, and wash away your sins by praying to the Lord."

17 After this I returned to Jerusalem and went to the temple to pray. There I had a vision

18 of the Lord who said to me, "Hurry and leave Jerusalem! The people won't listen to what you say about me."

19 I replied, "Lord, they know that in many of our meeting places I arrested and beat people who had faith in you.

20 Stephen was killed because he spoke for you, and I stood there and cheered them on. I even guarded the clothes of the men who murdered him."

21 But the Lord told me to go, and he promised to send me far away to the Gentiles.

22 The crowd listened until Paul said this. Then they started shouting, "Get rid of this man! He doesn't deserve to live."

23 They kept shouting. They waved their clothes around and threw dust into the air.

Paul and the Roman Army Commander

24 The Roman commander ordered Paul to be taken into the fortress and beaten with a whip. He did this to find out why the people were screaming at Paul.

25 While the soldiers were tying Paul up to be beaten, he asked the officer standing there, "Is it legal to beat a Roman citizen before he has been tried in court?"

26 When the officer heard this, he went to the commander and said, "What are you doing? This man is a Roman citizen!"

27 The commander went to Paul and asked, "Tell me, are you a Roman citizen?"

"Yes," Paul answered.

28 The commander then said, "I paid a lot of money to become a Roman citizen." j)

But Paul replied, "I was born a Roman citizen."

29   The men who were about to beat and question Paul quickly backed off. And the commander himself was frightened when he realized that he had put a Roman citizen in chains.

Paul Is Tried by the Council
30   The next day the commander wanted to know the real reason why the Jewish leaders had brought charges against Paul. So he had Paul's chains removed, and he ordered the chief priests and the whole council to meet. Then he had Paul led in and made him stand in front of them.

Chapter 23
1   Paul looked straight at the council members and said, "My friends, to this day I have served God with a clear conscience!"
2   Then Ananias the high priest ordered the men standing beside Paul to hit him on the mouth.
3   Paul turned to the high priest and said, "You whitewashed wall! k) God will hit you. You sit there to judge me by the Law of Moses. But at the same time you order men to break the Law by hitting me."
4   The men standing beside Paul asked, "Don't you know you are insulting God's high priest?"
5   Paul replied, "Oh! I didn't know he was the high priest. The Scriptures do tell us not to speak evil about a leader of our people."
6   When Paul saw that some of the council members were Sadducees and others were Pharisees, he shouted, "My friends, I am a Pharisee and the son of a Pharisee. I am on trial simply because I believe that the dead will be raised to life."
7   As soon as Paul said this, the Pharisees and the Sadducees got into a big argument, and the council members started taking sides.
8   The Sadducees do not believe in angels or spirits or that the dead will rise to life. But the Pharisees believe in all of these,
9   and so there was a lot of shouting. Some of the teachers of the Law of Moses were Pharisees. Finally, they became angry and said, "We don't find anything wrong with this man. Maybe a spirit or an angel really did speak to him."
10   The argument became fierce, and the commander was afraid that Paul would be pulled apart. So he ordered the soldiers to go in and rescue Paul. Then they took him back into the fortress.
11   That night the Lord stood beside Paul and said, "Don't worry! Just as you have told others about me in Jerusalem, you must also tell about me in Rome."

A Plot To Kill Paul
12-13   The next morning more than forty Jewish men got together and vowed that they would not eat or drink anything until they had killed Paul.
14   Then some of them went to the chief priests and the nation's leaders and said, "We have promised God that we would not eat a thing until we have killed Paul.
15   You and everyone in the council must go to the commander and pretend that you want to find out more about the charges against Paul. Ask for him to be brought before your court. Meanwhile, we will be waiting to kill him before he gets there."

16   When Paul's nephew heard about the plot, he went to the fortress and told Paul about it.
17   So Paul said to one of the army officers, "Take this young man to the commander. He has something to tell him."
18   The officer took him to the commander and said, "The prisoner named Paul asked me to bring this young man to you, because he has something to tell you."
19   The commander took the young man aside and asked him in private, "What do you want to tell me?"
20   He answered, "Some men are planning to ask you to bring Paul down to the Jewish council tomorrow. They will claim that they want to find out more about him.
21   But please don't do what they say. More than forty men are going to attack Paul. They have made a vow not to eat or drink anything until they have killed him. Even now they are waiting to hear what you decide."
22   The commander sent the young man away after saying to him, "Don't let anyone know that you told me this."

Paul Is Sent to Felix the Governor
23   The commander called in two of his officers and told them, "By nine o'clock tonight have two hundred soldiers ready to go to Caesarea. Take along seventy men on horseback and two hundred foot soldiers with spears.
24   Get a horse ready for Paul and make sure that he gets safely through to Felix the governor."
25   The commander wrote a letter that said:
26   Greetings from Claudius Lysias to the Honorable Governor Felix:
27   Some Jews grabbed this man and were about to kill him. But when I found out that he was a Roman citizen, I took some soldiers and rescued him.
28   I wanted to find out what they had against him. So I brought him before their council
29   and learned that the charges concern only their religious laws. This man isn't guilty of anything for which he should die or even be put in jail.
30   As soon as I learned that there was a plot against him, I sent him to you and told their leaders to bring charges against him in your court.
31   The soldiers obeyed the commander's orders, and that same night they took Paul to the city of Antipatris.
32   The next day the foot soldiers returned to the fortress and let the soldiers on horseback take him the rest of the way.
33   When they came to Caesarea, they gave the letter to the governor and handed Paul over to him.
34   The governor read the letter. Then he asked Paul and found out that he was from Cilicia.
35   The governor said, "I will listen to your case as soon as the people come to bring their charges against you." After saying this, he gave orders for Paul to be kept as a prisoner in Herod's palace. l)

Chapter 24
Paul Is Accused in the Court of Felix
1   Five days later Ananias the high priest, together with some of their leaders and a lawyer named Tertullus, went to the governor to present their case against Paul.
2   So Paul was called in, and Tertullus stated the case

추가 본문 말씀 읽기 Ⅳ
【행21:27-26:32】

against him: m) Honorable Felix, you have brought our people a long period of peace, and because of your concern our nation is much better off.

3 All of us are always grateful for what you have done.

4 I don't want to bother you, but please be patient with us and listen to me for just a few minutes.

5 This man has been found to be a real pest and trouble-maker for Jews all over the world. He is also a leader of a group called Nazarenes.

6-8 When he tried to disgrace the temple, we arrested him. n) If you question him, you will find out for yourself that our charges are true.

9 The Jewish crowd spoke up and agreed with what Tertullus had said.

Paul Defends Himself

10 The governor motioned for Paul to speak, and he began: I know that you have judged the people of our nation for many years, and I am glad to defend myself in your court.

11 It was no more than twelve days ago that I went to worship in Jerusalem. You can find this out easily enough.

12 Never once did the Jews find me arguing with anyone in the temple. I didn't cause trouble in the Jewish meeting places or in the city itself.

13 There is no way that they can prove these charges that they are now bringing against me.

14 I admit that their leaders think that the Lord's Way o) which I follow is based on wrong beliefs. But I still worship the same God that my ancestors worshiped. And I believe everything written in the Law of Moses and in the Prophets. p)

15 I am just as sure as these people are that God will raise from death everyone who is good or evil.

16 And because I am sure, I try my best to have a clear conscience in whatever I do for God or for people.

17 After being away for several years, I returned here to bring gifts for the poor people of my nation and to offer sacrifices.

18 This is what I was doing when I was found going through a ceremony in the temple. I wasn't with a crowd, and there was no uproar.

19 Some Jews from Asia were there at that time, and if they have anything to say against me, they should be here now.

20 Or ask the ones who are here. They can tell you that they didn't find me guilty of anything when I was tried by their own council.

21 The only charge they can bring against me is what I shouted out in court, when I said, "I am on trial today because I believe that the dead will be raised to life!"

22 Felix knew a lot about the Lord's Way. q) But he brought the trial to an end and said, "I will make my decision after Lysias the commander arrives."

23 He then ordered the army officer to keep Paul under guard, but not to lock him up or to stop his friends from helping him.

Paul Is Kept under Guard

24 Several days later Felix and his wife Drusilla, who was Jewish, went to the place where Paul was kept under guard. They sent for Paul and listened while he spoke to them about having faith in Christ Jesus.

25 But Felix was frightened when Paul started talking to them about doing right, about self-control, and about the coming judgment. So he said to Paul, "That's enough for now. You may go. But when I have time I will send for you."

26 After this, Felix often sent for Paul and talked with him, because he hoped that Paul would offer him a bribe.

27 Two years later Porcius Festus became governor in place of Felix. But since Felix wanted to do the Jewish leaders a favor, he kept Paul in jail.

Chapter 25
Paul Asks To Be Tried by the Roman Emperor

1 Three days after Festus had become governor, he went from Caesarea to Jerusalem.

2 There the chief priests and some Jewish leaders told him about their charges against Paul. They also asked Festus

3 if he would be willing to bring Paul to Jerusalem. They begged him to do this because they were planning to attack and kill Paul on the way.

4 But Festus told them, "Paul will be kept in Caesarea, and I am soon going there myself.

5 If he has done anything wrong, let your leaders go with me and bring charges against him there."

6 Festus stayed in Jerusalem for eight or ten more days before going to Caesarea. Then the next day he took his place as judge and had Paul brought into court.

7 As soon as Paul came in, the Jewish leaders from Jerusalem crowded around him and said he was guilty of many serious crimes. But they could not prove anything.

8 Then Paul spoke in his own defense, "I have not broken the Law of my people. And I have not done anything against either the temple or the Emperor."

9 Festus wanted to please the leaders. So he asked Paul, "Are you willing to go to Jerusalem and be tried by me on these charges?"

10 Paul replied, "I am on trial in the Emperor's court, and that's where I should be tried. You know very well that I have not done anything to harm the Jewish nation.

11 If I had done something deserving death, I would not ask to escape the death penalty. But I am not guilty of any of these crimes, and no one has the right to hand me over to these people. I now ask to be tried by the Emperor himself."

12 After Festus had talked this over with members of his council, he told Paul, "You have asked to be tried by the Emperor, and to the Emperor you will go!"

Paul Speaks to Agrippa and Bernice

13 A few days later King Agrippa and Bernice came to Caesarea to visit Festus.

14 They had been there for several days, when Festus told the king about the charges against Paul. He said: Felix left a man here in jail,

15 and when I went to Jerusalem, the chief priests and the Jewish leaders came and asked me to find him guilty.

16 I told them that it isn't the Roman custom to hand a man over to people who are bringing charges against him. He must first have the chance to meet them face to face and to defend himself against their charges.

17 So when they came here with me, I wasted no time. On

Paul's arrest and trial in Jerusalem

the very next day I took my place on the judge's bench and ordered him to be brought in.

18   But when the men stood up to make their charges against him, they did not accuse him of any of the crimes that I thought they would.

19   Instead, they argued with him about some of their beliefs and about a dead man named Jesus, who Paul said was alive.

20   Since I did not know how to find out the truth about all this, I asked Paul if he would be willing to go to Jerusalem and be put on trial there.

21   But Paul asked to be kept in jail until the Emperor could decide his case. So I ordered him to be kept here until I could send him to the Emperor.

22   Then Agrippa said to Festus, "I would also like to hear what this man has to say."

Festus answered, "You can hear him tomorrow."

23   The next day Agrippa and Bernice made a big show as they came into the meeting room. High ranking army officers and leading citizens of the town were also there. Festus then ordered Paul to be brought in

24   and said: King Agrippa and other guests, look at this man! Every Jew from Jerusalem and Caesarea has come to me, demanding for him to be put to death.

25   I have not found him guilty of any crime deserving death. But because he has asked to be judged by the Emperor, I have decided to send him to Rome.

26   I have to write some facts about this man to the Emperor. So I have brought him before all of you, but especially before you, King Agrippa. After we have talked about his case, I will then have something to write.

27   It makes no sense to send a prisoner to the Emperor without stating the charges against him.

Chapter 26
Paul's Defense before Agrippa

1   Agrippa told Paul, "You may now speak for yourself." Paul stretched out his hand and said:

2   King Agrippa, I am glad for this chance to defend myself before you today on all these charges that my own people have brought against me.

3   You know a lot about our religious customs and the beliefs that divide us. So I ask you to listen patiently to me.

4–5   All the Jews have known me since I was a child. They know what kind of life I have lived in my own country and in Jerusalem. And if they were willing, they could tell you that I was a Pharisee, a member of a group that is stricter than any other.

6   Now I am on trial because I believe the promise God made to our people long ago.

7   Day and night our twelve tribes have earnestly served God, waiting for his promised blessings. King Agrippa, because of this hope, the Jewish leaders have brought charges against me.

8   Why should any of you doubt that God raises the dead to life?

9   I once thought that I should do everything I could to oppose Jesus from Nazareth.

10   I did this first in Jerusalem, and with the authority of the chief priests I put many of God's people in jail. I even voted for them to be killed.

11   I often had them punished in our meeting places, and I tried to make them give up their faith. In fact, I was so angry with them, that I went looking for them in foreign cities.

12   King Agrippa, one day I was on my way to Damascus with the authority and permission of the chief priests.

13   About noon I saw a light brighter than the sun. It flashed from heaven on me and on everyone traveling with me.

14   We all fell to the ground. Then I heard a voice say to me in Aramaic, "Saul, Saul, why are you so cruel to me? It's foolish to fight against me!"

15   "Who are you?" I asked. Then the Lord answered, "I am Jesus! I am the one you are so cruel to.

16   Now stand up. I have appeared to you, because I have chosen you to be my servant. You are to tell others what you have learned about me and what I will show you later."

17   The Lord also said, "I will protect you from the Jews and from the Gentiles that I am sending you to.

18   I want you to open their eyes, so that they will turn from darkness to light and from the power of Satan to God. Then their sins will be forgiven, and by faith in me they will become part of God's holy people."

19   King Agrippa, I obeyed this vision from heaven.

20   First I preached to the people in Damascus, and then I went to Jerusalem and all over Judea. Finally, I went to the Gentiles and said, "Stop sinning and turn to God! Then prove what you have done by the way you live."

21   That is why some men grabbed me in the temple and tried to kill me.

22   But all this time God has helped me, and I have preached both to the rich and to the poor. I have told them only what the prophets and Moses said would happen.

23   I told them how the Messiah would suffer and be the first to be raised from death, so that he could bring light to his own people and to the Gentiles.

24   Before Paul finished defending himself, Festus shouted, "Paul, you're crazy! Too much learning has driven you out of your mind."

25   But Paul replied, "Honorable Festus, I am not crazy. What I am saying is true, and it makes sense.

26   None of these things happened off in a corner somewhere. I am sure that King Agrippa knows what I am talking about. That's why I can speak so plainly to him."

27   Then Paul said to Agrippa, "Do you believe what the prophets said? I know you do."

28   Agrippa asked Paul, "In such a short time do you think you can talk me into being a Christian?"

29   Paul answered, "Whether it takes a short time or a long time, I wish you and everyone else who hears me today would become just like me! Except, of course, for these chains."

30   Then King Agrippa, Governor Festus, Bernice, and everyone who was with them got up.

31   But before they left, they said, "This man isn't guilty of anything. He doesn't deserve to die or to be put in jail."

32   Agrippa told Festus, "Paul could have been set free, if he had not asked to be tried by the Roman Emperor."

Timeline of the Apostle Paul

BIBLE ATLAS

사도 바울의 생애

초판인쇄일 2024년 1월 5일
초판발행일 2024년 1월 5일

펴낸이 임경묵
펴낸곳 도서출판 다바르

주소 인천 서구 건지로 242, A동 401호(가좌동)
전화 032) 574-8291

지은이 최성우 목사
        現 신생교회
        *서울기독대학교 졸업(B.A.)
        *협성신학대학원 졸업(Th.M.)
        *미국 세인트 폴 신학교 졸업(D.Min.)

기획 및 편집_ 장원문화인쇄
디자인_ Choi, Sung Woo
인쇄_ 장원문화인쇄

ISBN 979-11-93435-03-8 (03230)

Twelve Disciples

표지디자인: *Choi, Sung Woo*
표지사진: 베드로와 바울